Klasse 7-10

Christine Schlote

Ernährungslehre an Stationen

Mit Spaß & Aktion zur gesunden Ernährung

- Fette
- Vitamine
- Eiweiße
- Mineralstoffe
- Kohlenhydrate
- Ballaststoffe

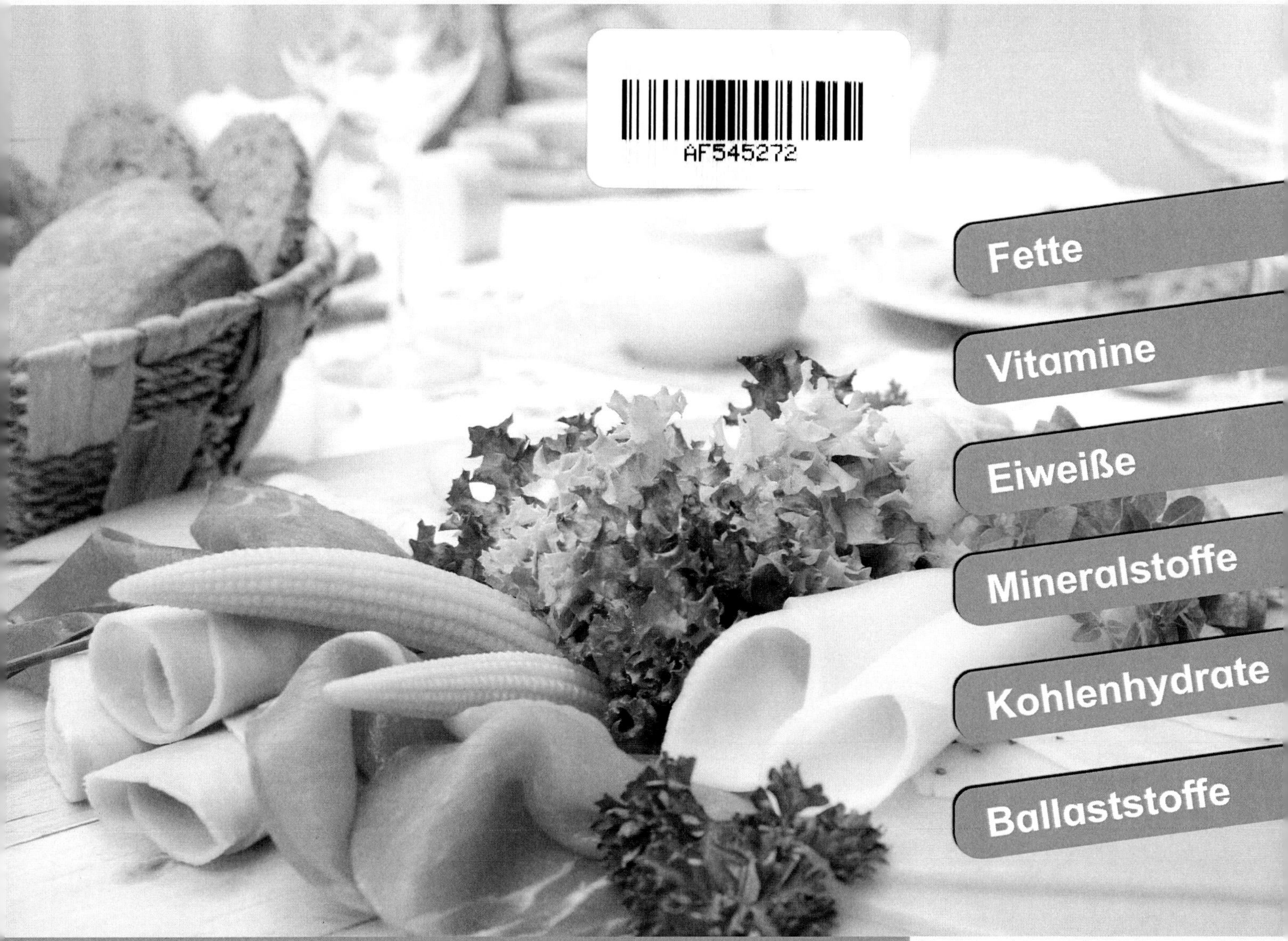

• Bestandteile der Nahrung
• Gesundes & Gutes für den Körper
• Verdauung & Co.

Ernährungslehre an Stationen

Mit Spaß und Aktion zur gesunden Ernährung

11. Auflage 2026

Inhalt: Christine Schlote
Umschlagbild: © K.-U. Häßler - fotolia.com
Redaktion: Kohl-Verlag
Grafik & Satz: Kohl-Verlag / Eva-Maria Noack
Druck: farbo prepress GmbH, Köln

Bestell-Nr. 11 326

ISBN: 978-3-86632-612-5

Kontakt: Kohl-Verlag, An der Brennerei 37-45, 50170 Kerpen
Tel: +49 2275 331610, Mail: info@kohlverlag.de

Der vorliegende Band ist eine Print-Einzellizenz

Sie wollen unsere Kopiervorlagen auch digital nutzen? Kein Problem – fast das gesamte KOHL-Sortiment ist auch sofort als PDF-Download erhältlich! Wir haben verschiedene Lizenzmodelle zur Auswahl:

	Print-Version	PDF-Einzellizenz	PDF-Schullizenz	Kombipaket Print & PDF-Einzellizenz	Kombipaket Print & PDF-Schullizenz
Unbefristete Nutzung der Materialien	x	x	x	x	x
Vervielfältigung, Weitergabe und Einsatz der Materialien im eigenen Unterricht	x	x	x	x	x
Nutzung der Materialien durch alle Lehrkräfte des Kollegiums an der lizenzierten Schule			x		x
Einstellen des Materials im Intranet oder Schulserver der Institution			x		x

Die erweiterten Lizenzmodelle zu diesem Titel sind jederzeit im Online-Shop unter www.kohlverlag.de erhältlich.

Inhaltsverzeichnis

ERNÄHRUNGSLEHRE AN STATIONEN
Mit Spaß und Akion zur gesunden Ernährung – Bestell-Nr. 11 326
KOHL VERLAG

Inhaltsverzeichnis

Inhaltsverzeichnis

KOHL VERLAG Lernen mit Erfolg
ERNÄHRUNGSLEHRE AN STATIONEN
Mit Spaß und Akion zur gesunden Ernährung – Bestell-Nr. 11 326

Inhaltsverzeichnis

Vorwort

Liebe Kolleginnen und Kollegen,

Themen, die unsere Ernährung betreffen, sind aktueller denn je. Die „Ernährungslehre an Stationen“ befasst sich mit den Bereichen Nahrung und Nährstoffbedarf, Vitamine und Mineralstoffe, Kohlenhydrate, Fett, Eiweiß, Wasser und Ballaststoffe.

Die Kopiervorlagen sind für die Arbeit an Stationen im Rahmen eines differenzierten Schulunterrichts in Klasse 7–10 einsetzbar. Sie erheben keinen Anspruch auf Vollständigkeit. Entscheiden Sie bitte selber, welche Stationen Ihre Schüler* bearbeiten sollen, welche Stationen Pflichtstationen, welche Wahlstationen sein sollen.

Die Stationen können unabhängig voneinander bearbeitet werden. Sie bauen nicht aufeinander auf. Die Schüler können sich den Lernstoff anhand abwechslungsreicher Aufgaben selber erarbeiten.

Zu einzelnen Stationen hier noch einige Anmerkungen:

- Haben sich die Schüler im Unterricht noch nie mit dem Thema „Verdauung von Kohlenhydraten, Fetten und Eiweiß“ auseinandergesetzt, ist es sinnvoll, die Stationen „Was sind Kohlenhydrate, Fette und Eiweiß“ vorher bearbeiten zu lassen. Vieles lässt sich dann für die Schüler besser verstehen.
- Bei den Stationen zum Thema Verdauung wird der Zwölffingerdarm genannt. Der Zwölffingerdarm ist ein Teil des Dünndarms.
- Bei den Stationen zu den Themen Grundumsatz und Leistungsumsatz erfolgen die Angaben der Energie nur in kJ, nicht in kcal. Dies reicht aus, um die beiden Themen zu verstehen. Auch wenn die Einheit kcal noch weit verbreitet ist, ist kJ die derzeit gültige internationale Einheit.
- Bei der Station zum Thema Spurenelemente sind nicht alle Spurenelemente aufgeführt, sondern nur einige, für den Menschen essentielle Spurenelemente.

Wir wünschen Ihnen und Ihren Schülern viel Freude und Erfolg mit den vorliegenden Kopiervorlagen, das Kohl-Verlagsteam und

Christine Schlote

Steht in diesem Band Schüler, ist immer auch die Schülerin gemeint. Das gilt auch für Lehrer und Lehrerin.

Bedeutung der Symbole:

Einzelarbeit

Partnerarbeit

Schreibe ins Heft/ in deinen Ordner

Laufzettel

Name: ______________________ Klasse: __________

Pflichtstationen		
Stationsnummer	**bearbeitet am**	**das hast du gut gemacht**

Wahlstationen		
Stationsnummer	**bearbeitet am**	**du warst fleißig**

ERNÄHRUNGSLEHRE AN STATIONEN
Mit Spaß und Akion zur gesunden Ernährung – Bestell-Nr. 11 326

I. Nahrung und Nährstoffbedarf

Station 1	Nährstoffe in Lebensmitteln	Name:

Lebensmittel enthalten Nährstoffe, die dein Körper benötigt. Nährstoffe liefern dir die Energie, die du brauchst, um denken und dich bewegen zu können. Ohne Nährstoffe würdest du nicht wachsen, nichts würde in deinem Körper funktionieren. Nährstoffe sind also auch Bau- und Wirkstoffe.
Zu den Nährstoffen gehören Eiweiß, Fett, Kohlenhydrate, sowie Wasser, Vitamine und Mineralstoffe.
Die verschiedenen Lebensmittel enthalten von den Nährstoffen unterschiedlich viel.

Aufgabe 1: *Damit du einen ersten Überblick darüber bekommst, wie groß die Anteile der unterschiedlichen Nährstoffe in verschiedenen Lebensmitteln sind, male im Diagramm die einzelnen Felder an. Schreibe dann daneben, welcher Nährstoff den größten Anteil hat.*

Lebensmittel je 100 g	Nährstoffe	Nährstoff, der den größten Anteil hat
Kartoffel (gekocht)		
Butter		
Rosinen		
Lachs		
Banane		
Schweinehackfleisch		
Ei		
Brathähnchen		
Camembert		

Eiweiß (rot) — Fett (gelb) — Kohlenhydrate (schwarz) — Vitamine, Mineralstoffe, Ballaststoffe (bleibt weiß) — Wasser (blau)

ERNÄHRUNGSLEHRE AN STATIONEN
Mit Spaß und Akion zur gesunden Ernährung – Bestell-Nr. 11 326
KOHL VERLAG

I. Nahrung und Nährstoffbedarf

Station 2	Die Tagesleistungskurve	Name:

Wir sind nicht zu jeder Zeit des Tages gleich gut leistungsfähig. Es gibt Zeiten am Tag, da fühlen wir uns stark oder können sehr leicht lernen. Dann gibt es Zeiten am Tag, da fühlen wir uns müde und schaffen kaum etwas. Das sieht als gezeichnete „Kurve“ so aus:

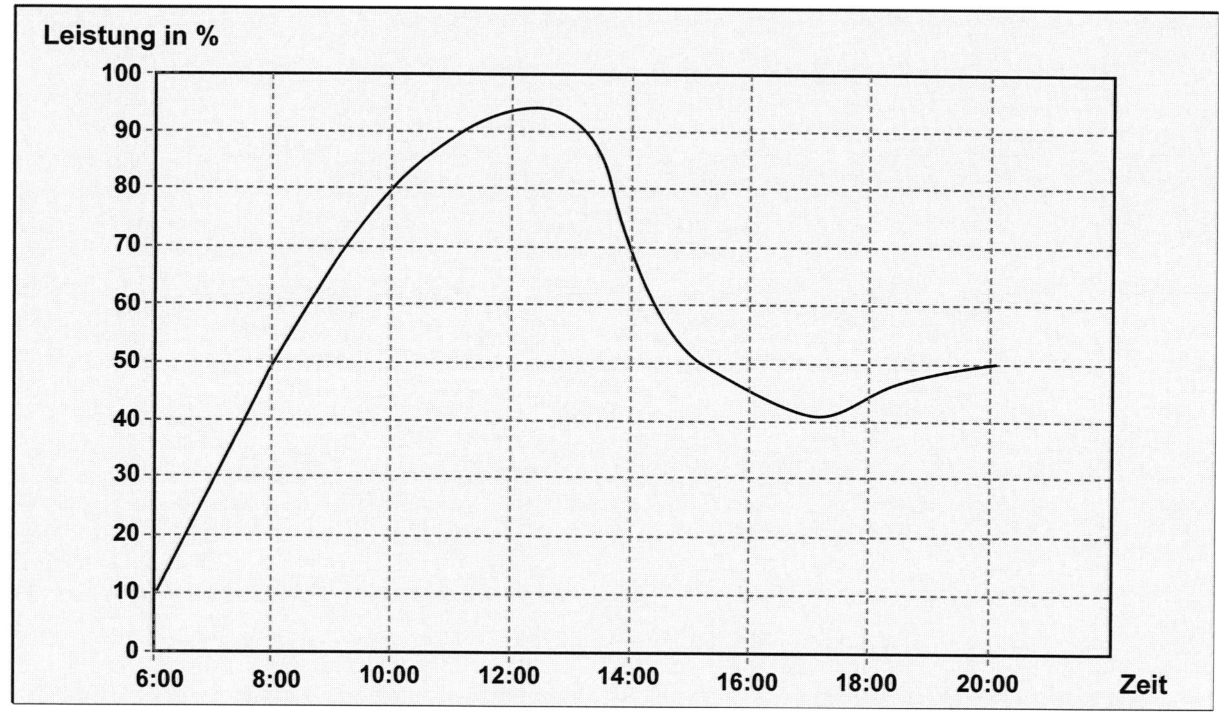

Jannik ist 14 Jahre alt. Er steht um 6:00 Uhr auf. Er frühstückt ein Butterbrot mit Wurst und trinkt ein Glas Saft, um fit für die Schule zu sein. Um 8:00 Uhr beginnt für ihn der Schulunterricht. Um 9:30 Uhr ist Frühstückspause. Nun isst Jannik ein Vollkornbrot mit Käse und einen Apfel. Um 13:00 Uhr ist für Jannik Schulschluss. Zum Mittagessen isst er Hähnchen mit Reis und Salat. Danach ruht sich Jannik etwas aus und schaut Fernsehen. Um 15:00 Uhr isst er etwas Obst und beginnt dann mit den Hausaufgaben. Um 17:00 Uhr geht Jannik zum Fußball-Training. Das dauert bis 18:30 Uhr. Um 19:00 Uhr gibt es zu Haus Abendessen mit belegten Broten und gemischtem Salat.

Aufgabe 1: a) *Vergrößere die oben abgebildete Tagesleistungskurve. Schreibe unter die Tagesleistungskurve, was Jannik zu dieser Zeit macht.*

b) *Schreibe oben an die Tagesleistungskurve, welche Mahlzeiten Jannik zu sich nimmt, um fit und leistungsfähig zu bleiben.*

EA **Aufgabe 2:** *Vervollständige den Merksatz. Setze die Lückenwörter aus den Silben zusammen:* ***tet – drei – Kör – Mahl – ten – las – per – be – zei – Fünf***

______ kleine ________________ sind besser bekömmlich als ______ große Mahlzeiten. Unser __________ wird dadurch nicht so stark ___________________ und wir bleiben leistungsfähiger.

Station 3	Der Grundumsatz (1)	Name:

Aufgabe 1: *Ergänze den Lückentext mit den folgenden Lückenwörtern.*

atmen – Blut – Energie – Energie – Energiemenge – Grundumsatz – Herz – Körpertemperatur – Ruhe – Gesamtenergiebedarf

Alter, Geschlecht, Körpergröße, Art und Dauer der Körperbewegung bestimmen, wie viel ________________ wir pro Tag benötigen. Das ist unser Gesamtenergiebedarf. Der ______________________________ setzt sich aus dem Grundumsatz und dem Leistungsumsatz zusammen.

➲ **Gesamtenergiebedarf = ________________________ + Leistungsumsatz**

Der Gesamtenergiebedarf ist für jeden Menschen unterschiedlich.
Der Energiebedarf ist auch nicht jeden Tag gleich.

Der Grundumsatz ist die ________________________, die wir für die Aufrechterhaltung unserer Lebensfunktionen bei völliger ____________ brauchen. Unser _________ pumpt ständig _______ durch unseren Körper, wir müssen Tag und Nacht _____________ und unsere ______________________________ muss konstant bei 37 °C gehalten werden. Für diese Funktionen braucht unser Körper

__________________.

Der Grundumsatz lässt sich nach folgender Formel berechnen:

➲ **Grundumsatz = 4,2 kJ • kg Körpergewicht • Stunde**

KOHL VERLAG ERNÄHRUNGSLEHRE AN STATIONEN Mit Spaß und Akion zur gesunden Ernährung – Bestell-Nr. 11 326

Station 3	Der Grundumsatz (2)	Name:

Aufgabe 2: *Berechne für die verschiedenen Personen den Grundumsatz für einen ganzen Tag.*

Körpergewicht		Grundumsatz in kJ/Tag
Herr B.	75 kg	
Frau S.	60 kg	
Herr C.	63 kg	

Der nach dieser Formel berechnete Grundumsatz ist nicht nur von unserem Körpergewicht abhängig. Tatsächlich hängt der Grundumsatz auch vom Alter und Geschlecht ab.

Aufgabe 3: *Betrachte die Tabelle und treffe zwei, möglicherweise drei Aussagen über den Grundumsatz.*

Alter in Jahren	Männer kJ/Tag	Frauen kJ/Tag
25	7520	5930
45	6850	5540
65	6210	5100

Tabelle: Grundumsatz in Abhängigkeit von Alter und Geschlecht

1. ___

2. ___

3. ___

KOHL VERLAG
ERNÄHRUNGSLEHRE AN STATIONEN
Mit Spaß und Akion zur gesunden Ernährung – Bestell-Nr. 11 326

Station 5	Der Leistungsumsatz (1)	Name:

Aufgabe 1: *Ergänze den Lückentext mit den folgenden Lückenwörtern.*

Energie – Energiemenge – Gesamtenergiebedarf – Leistungsumsatz – Muskeltätigkeit – zusätzliche

Alter, Geschlecht, Körpergröße, Art und Dauer der Körperbewegung bestimmen, wie viel ____________________ wir pro Tag benötigen. Das ist unser Gesamtenergiebedarf. Der ____________________ setzt sich aus dem Grundumsatz und dem Leistungsumsatz zusammen.

➡ **Gesamtenergiebedarf = Grundumsatz + ____________________**

Der Gesamtenergiebedarf ist für jeden Menschen unterschiedlich.
Der Energiebedarf ist auch nicht jeden Tag gleich.

Der Leistungsumsatz ist die ____________________, die wir für ____________________ Leistungen über den Grundumsatz hinaus benötigen. Dazu gehören vor allem die ____________________ bzw. Arbeitsleistung.

Für die berufsarbeitsfreie Zeit wird ein Leistungsumsatz von 840–1260 kJ angenommen.
Ist die körperliche Betätigung in der Freizeit intensiv, erhöht sich dieser Wert.

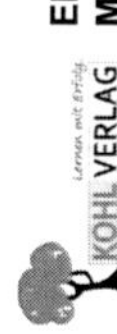

Station 4	Der Leistungsumsatz (2)	Name:

Berufs-schweregruppe	Männer	Frauen	Tätigkeit in der berufs-arbeitsfreien Zeit	Energieaufwand in kJ/min/kg Körpergewicht
	kJ/h	kJ/h		
Leichtarbeiter (Feinmechaniker, Büroangestellte, Fließbandarbeiter)	< 315	< 250	Schreiben	0,12
Mittelschwerarbeiter (Anstreicher, Automechaniker, Verkäufer)	315–630	250–500	Putzen	0,25
Schwerarbeiter (Dachdecker, Maurer, Zimmerleute, Leistungssportler)	630–840	> 500	Bügeln	0,27
Schwerstarbeiter (Hochofen-, Stahl-, Steinbau- und Waldarbeiter, Hochleistungssportler)	> 840	–	Schwimmen (Brust)	0,68

Tabelle: Leistungsumsatz in Abhängigkeit von der Berufsschwere und Energieaufwand für verschiedene körperliche Tätigkeiten

Aufgabe 2: *Berechne für die verschiedenen Personen die Leistungsumsätze und zum Schluss den Gesamtenergiebedarf für einen ganzen Tag.*

Person	Grundumsatz	Leistungsumsatz	Gesamt-energiebedarf
Herr S., 25 Jahre, 65 kg, arbeitet als Dachdecker 8 Stunden am Tag, in seiner Freizeit unternimmt er nicht mehr viel.	7520 kJ/Tag		
Frau P., 45 Jahre, 60 kg, arbeitet als Verkäuferin 6 Stunden am Tag, in ihrer Freizeit geht sie eine Stunde schwimmen	5540 kJ/Tag		

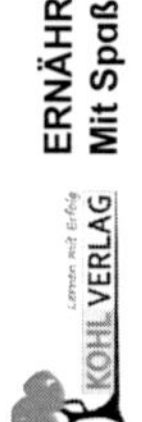

ERNÄHRUNGSLEHRE AN STATIONEN
Mit Spaß und Akion zur gesunden Ernährung – Bestell-Nr. 11 326

I. Nahrung und Nährstoffbedarf

Station 5	Die Körperzusammensetzung	Name:

Dein Körper ist so, wie du im Diagramm erkennen kannst, zusammengesetzt. Deine Körperzusammensetzung war aber nicht immer so. Die Körperzusammensetzung verändert sich in Abhängigkeit vom Alter.

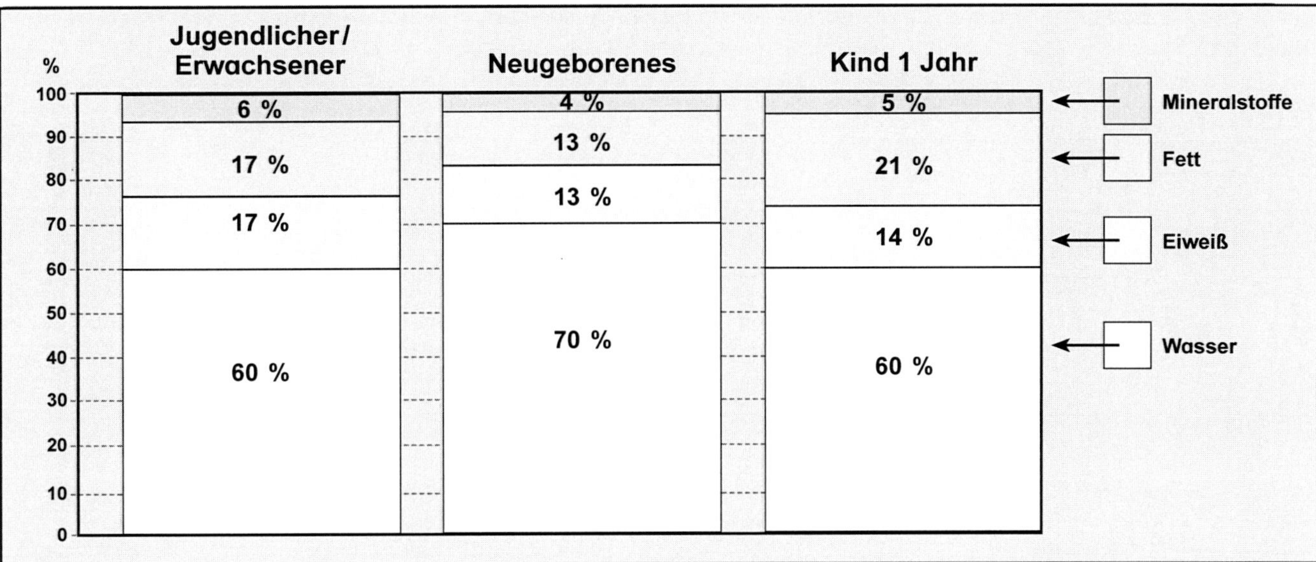

Aufgabe 1: a) *Male die Diagramme an. Verwende dabei folgende Farben: Blau für Wasser, Rot für Eiweiß, Gelb für Fett, Braun für Mineralstoffe.*

a) *Vergleiche die Diagramme zur Körperzusammensetzung. Wie verändert sich die Körperzusammensetzung? Was kannst du feststellen? Schreibe deine Ergebnisse in ganzen Sätzen auf.*

Wassergehalt: ____

____

Eiweißgehalt: ____

____

Fettgehalt: ____

____

Mineralstoffgehalt: ____

____

KOHL VERLAG ERNÄHRUNGSLEHRE AN STATIONEN Mit Spaß und Akion zur gesunden Ernährung – Bestell-Nr. 11 326

Station 6	Warum müssen wir essen?	Name:

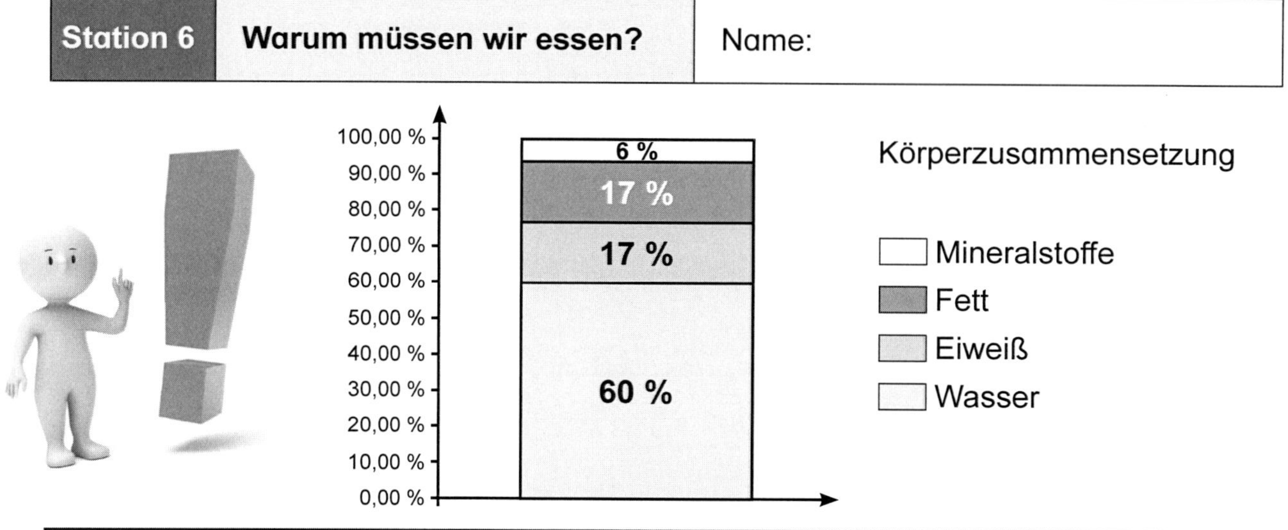

Aus diesen Stoffen ist unser Körper aufgebaut: Wasser, Eiweiß, Fett und Mineralstoffe. Um leben zu können, braucht unser Körper auch noch Energie. Energie bekommen wir aus Energie liefernden Stoffen. Dazu gehören die Kohlenhydrate und Fett. Außerdem braucht unser Körper Wirkstoffe, um zu funktionieren. Vitamine, Mineralstoffe und Spurenelemente sind solche Wirkstoffe.

Aufgabe 1: *Lies den kurzen Informationstext oben sorgfältig durch und vervollständige dann die Tabelle unten. Was fällt dir dabei auf?*

Baustoffe	Energie liefernde Stoffe	Wirkstoffe

Aufgabe 2: *Vervollständige den Lückentext mit den Lückenwörtern.*

alle – kein – Körper – Lebensmittel – mehrere – Nahrung – Stoffe – täglich

Unser ________________ braucht alle diese ______________ . Wir müssen sie

täglich mit unserer __________________ zuführen.

Dabei müssen wir aber beachten, dass es _______ Lebensmittel gibt, das _______

der genannten Stoffe enthält. Auch ist es so, dass ein ____________________

nicht nur einen einzigen dieser Stoffe enthält, sondern gleich ______________ .

ERNÄHRUNGSLEHRE AN STATIONEN
Mit Spaß und Akion zur gesunden Ernährung – Bestell-Nr. 11 326
KOHL VERLAG

I. Nahrung und Nährstoffbedarf

Station 7	Das Körpergewicht (1)	Name:

Es gibt verschiedene Möglichkeiten, das Körpergewicht zu bestimmen. Eine davon ist der Body-Mass-Index (kurz: BMI oder Körpermasse-Index). Der BMI gilt heute als Standard zur Beurteilung des Körpergewichts.
Er wird nach folgender Formel berechnet:

$$\text{BMI} = \frac{\text{Körpergewicht in kg}}{(\text{Körpergröße in m})^2}$$

Die Einheit des BMI ist kg/m^2. Der wünschenswerte BMI ist vom Alter abhängig.

Normalwerte	19 – 24 Jahre	19 – 24
	25 – 34 Jahre	20 – 25
	35 – 44 Jahre	21 – 26
	45 – 54 Jahre	22 – 27
	55 – 64 Jahre	23 – 28
	über 65 Jahre	24 – 29
Übergewicht		bis 30
Adipositas (Fettsucht)		über 30

Aufgabe 1: *Berechne den BMI von Herrn G., Frau Z. und von Frau K. Bestimme dann, ob es sich bei den Personen um Normalgewicht, Übergewicht oder Adipositas handelt.*

Person	Alter	Größe	Gewicht	BMI	Bewertung des Körpergewichts
Herr G.	30 Jahre	1,80 m	75 kg		
Frau Z.	56 Jahre	1,56 m	83 kg		
Frau K.	23 Jahre	1,64 m	60 kg		

– Bestell-Nr. 11 326
KOHL VERLAG

I. Nahrung und Nährstoffbedarf

Station 7	Das Körpergewicht (2)	Name:

Aufgabe 2: *Aber auch der BMI zur Bestimmung des Körpergewichts ist nicht unfehlbar.*
Wie kann das sein: Herr S. ist 45 Jahre alt und ein wahres Muskelpaket. Er hat einen BMI von 29 kg/m². Dabei ist an ihm kaum ein Gramm Fett. Versuche eine Erklärung dafür zu finden.

Aufgabe 3: *Wodurch kann es noch zu hohem Körpergewicht und dadurch bedingt zu einem hohen Body-Mass-Index kommen, ohne dass jemand tatsächlich unter Adipositas (Fettsucht) leidet?*
Setze dazu die Silben zu den richtigen Begriffen zusammen.

chen – ein – ge – gen – kel – Kno – la – mas – mas – Mus – run – se – se – ser – Was

ERNÄHRUNGSLEHRE AN STATIONEN
Mit Spaß und Akion zur gesunden Ernährung – Bestell-Nr. 11 326

I. Nahrung und Nährstoffbedarf

Station 8	Der Nährstoffbedarf in verschiedenen Lebensaltern	Name:

Aufgabe 1: *Die folgende Tabelle zeigt dir den Nährstoffbedarf in g pro kg Körpergewicht von Menschen in unterschiedlichem Lebensalter. Ordne die Aktivitäten und Situationen dem jeweiligen Lebensalter zu.*

toben herum • noch nicht ausgewachsen • ausgewachsen • krabbeln / laufen • ausgewachsen • vielseitige Aktivitäten • wachsen noch • wachsen noch stark • durch den Beruf beansprucht • bewegen sich weniger

Nährstoffbedarf in g pro kg Körpergewicht vom ...	Kleinkind	Schulkind	Jugendlicher bis 15 Jahre	Erwachsener	Älterer Mensch
Eiweiß	1,2 g	1,6 g	1,0 g	0,8 g	0,8 g
Fett	2,5 g	2,1 g	1,7 g	1,0 g	0,9 g
Kohlenhydrate	12 g	9 g	7 g	6 g	5 g
Aktivitäten					
Wachstum					

Aufgabe 2: *Nun kannst du diese Fragen spielend beantworten. Schreibe deine Antworten in ganzen Sätzen in dein Heft auf.*

a) *Warum haben Schulkinder einen höheren Nährstoffbedarf als Erwachsene?*

b) *Warum haben ältere Menschen einen geringeren Nährstoffbedarf als Jugendliche?*

Aufgabe 3: *Dominik ist 14 Jahre alt und wiegt 53 kg. Berechne seinen Eiweiß-, Fett- und Kohlenhydratbedarf. Verwende dazu die Zahlen aus der Tabelle oben.*

ERNÄHRUNGSLEHRE AN STATIONEN – Bestell-Nr. 11 326
Mit Spaß und Akion zur gesunden Ernährung
KOHL VERLAG

I. Nahrung und Nährstoffbedarf

Station 9	Was ist Energie? Welche Nährstoffe liefert uns Energie?	Name:

Aufgabe 1: *Vervollständige den Lückentext mit den Lückenwörtern. Dabei erfährst du einiges über das Thema Energie.*

Einheit – Energie – Energie – Energiebedarf – Joule – Kilokalorie – Physiker – Wärmemenge

Die internationale Einheit für ________________ ist das **Joule**, benannt nach dem englischen ______________ James Prescott Joule.
Ein ____________ ist die Energiemenge, die nötig ist, um 1 Kilogramm mit einer Kraft von 1 Newton um 1 Meter zu bewegen.
Häufig verwendet wird heutzutage immer noch die ______________ **Kalorie**.
Eine Kalorie ist die Wärmemenge, die nötig ist, um 1 Gramm Wasser von 14,5 °C auf 15,5 °C zu erwärmen.
4,2 Kilojoule (kJ) entsprechen einer ______________________ (kcal). Wir benötigen _________________, um etwas oder uns bewegen oder erwärmen zu können.
Wir Menschen decken unseren __________________________ durch die in den Nährstoffen (Kohlenhydrate, Eiweiß, Fett) gespeicherte __________________.

Aufgabe 2: *Ergänze die fehlenden Angaben zum Energiegehalt der Nährstoffe.*

1 Kalorie (cal) =		_____	Joule (J)
1 Kilokalorie (kcal) =		_____	Kilojoule (kJ)
1 g Kohlenhydrate liefert	17 kJ =	_____	kcal
1 g Eiweiß liefert		_____	kJ = 4 kcal
1 g Fett liefert		_____	kJ = 9 kcal

Aufgabe 3: *Welche Aussagen sind richtig? Unterstreiche.*

- Fett liefert uns Menschen die meiste Energie.
- Menschen brauchen Energie, um sich bewegen zu können.
- Eine Kalorie ist die Wärmemenge, die nötig ist, um 1 Gramm Wasser von 15,5 °C auf 14,5 °C zu erwärmen.
- Joule ist die internationale Einheit für Energie.
- Ein Joule ist die Energiemenge, die nötig ist, um 10 Kilogramm mit einer Kraft von 1 Newton um 10 Meter zu bewegen.
- 1 Kilokalorie (kcal) entsprechen 4,2 Kilojoule.

I. Nahrung und Nährstoffbedarf

Station 10	Energie in Lebensmitteln	Name:

Aufgabe 1: *Die folgende Tabelle zeigt dir die Eiweiß-, Fett- und Kohlenhydratgehalte und den durch diese Nährstoffe bedingten Energiegehalt verschiedener Lebensmittel.*

*(1 g Kohlenhydrate liefert 17 kJ = **4** kcal, 1 g Eiweiß **17** kJ = 4 kcal und 1 g Fett liefert **39** kJ = 9 kcal)*

100 g Lebensmittel	Energie in kJ	Energie in kcal	Kohlenhydratgehalt in g	Eiweißgehalt in g	Fettgehalt in g
Speisequark, Magerstufe	281	66	4,1	12,0	0,2
Waldfrucht Konfitüre Extra	1108	261	61	0,5	0,3
H-Vollmilch, 3,5 % Fett	267	64	4,8	3,3	3,5
Curry-Gewürzketchup	810	191	46,7	0,6	0,1
Delikatess Mayonnaise mit 80 % Rapsöl	2864	696	2,3	0,7	75,9
Nuss-Nougat-Creme	2282	547	56,8	6,6	31,8
Zwieback	1693	401	74	11	6
Champignons (Dose), ganze Köpfe	79	19	0,6	2,2	0,4

a) *Suche die zwei energiereichsten Lebensmittel in dieser Tabelle heraus.*
b) *Suche ein Lebensmittel in dieser Tabelle heraus, das viel Fett enthält und energiereich ist.*
c) *Welche drei Lebensmittel in der Tabelle haben die höchsten Kohlenhydratgehalte?*

Aufgabe 2: *Wähle drei Lebensmittel aus und schreibe die Angaben zum Kohlenhydrat-, Eiweiß-, Fett und Energiegehalt in die drei freien Zeilen der Tabelle.*
Beschreibe und erkläre nun deinen Mitschülern, um was für Lebensmittel es sich handelt. Hat dieses Lebensmittel einen hohen/niedrigen Energiegehalt, von welchem Nährstoff ist viel/wenig enthalten? Vergleiche auch mit den anderen Lebensmitteln in der Tabelle. Mache dir dazu Notizen auf der Rückseite dieses Arbeitsblattes.

ERNÄHRUNGSLEHRE AN STATIONEN
Mit Spaß und Akion zur gesunden Ernährung – Bestell-Nr. 11 326
KOHL VERLAG

II. Vitamine und Mineralstoffe

Station 1	Was sind Vitamine? Welche Bedeutung haben Vitamine für uns?	Name:

Aufgabe 1: **a)** *Verbinde die richtigen Satzteile miteinander. Du erhältst Aussagen darüber, was Vitamine sind, und welche Bedeutung sie für uns Menschen haben.*

1 Die in Fett oder Öl löslichen Vitamine

den reibungslosen Ablauf unserer Stoffwechselfunktionen: Nervenfunktion – Muskelfunktion – Verdauung – Knochenbau – Hauterneuerung – Wachstum und Blutbildung. a

2 Unser Körper kann

werden fettlösliche Vitamine genannt. b

3 Wasserlösliche Vitamine werden die Vitamine genannt,

Vitamine nicht selbst herstellen. Wir müssen sie deshalb mit unserer Nahrung aufnehmen. c

4 Vitamine sind Wirkstoffe

die sich in Wasser lösen. d

5 Wir bemerken die Wirkung fehlender Vitamine erst,

und wirken auf verschiedene Vorgänge in unserem Körper. e

6 Zusammen mit den Mineralstoffen sorgen die Vitamine für

wenn ein Mangel an diesen Vitaminen besteht. f

b) *Schreibe nun die Sätze aus Aufgabe* **a)** *in einer sinnvollen Reihenfolge in dein Heft. Du erhältst dann einen eigenen kleinen Informationstext über die Vitamine.*

ERNÄHRUNGSLEHRE AN STATIONEN
Mit Spaß und Akion zur gesunden Ernährung – Bestell-Nr. 11 326

II. Vitamine und Mineralstoffe

Station 2	Vitamine – jeden Tag!	Name:

Aufgabe 1: ***A, B, C, D, E, H, K, Pantothensäure, Folsäure, Niacin*** *– es gibt eine ganze Reihe von Vitaminen, die wir im Alltag fast immer nur mit Buchstaben bezeichnen.*

So oder so ähnlich begegnen uns die Vitamine täglich. Sei es auf Lebensmittelverpackungen, in Zeitungen, in Zeitschriften ...
Fertige eine Collage zum Thema Vitamine an. Du kannst dazu Abbildungen aus Zeitungen und Zeitschriften, Teile von Lebensmittelverpackungen usw. ausschneiden und hier aufkleben. Dabei ist es egal, ob die Lebensmittel die Vitamine von Natur aus enthalten oder ob ihnen die Vitamine zugesetzt wurden.
Du kannst auch im Lexikon und Internet über Vitamine recherchieren und hier selber zeichnen und malen.

KOHL VERLAG – ERNÄHRUNGSLEHRE AN STATIONEN – Mit Spaß und Akion zur gesunden Ernährung – Bestell-Nr. 11 326

II. Vitamine und Mineralstoffe

Station 3	Löslichkeit von Vitaminen: Wasser- und fettlösliche Vitamine	Name:

Vitamine müssen gelöst sein, damit wir sie mit der Nahrung aufnehmen können. Nur im gelösten Zustand können Vitamine im Blut transportiert werden und alle Organe in unserem Körper erreichen. Es gibt wasser- und fettlösliche Vitamine.

Versuch 1: *Ist **Vitamin C** wasser- oder fettlöslich?*

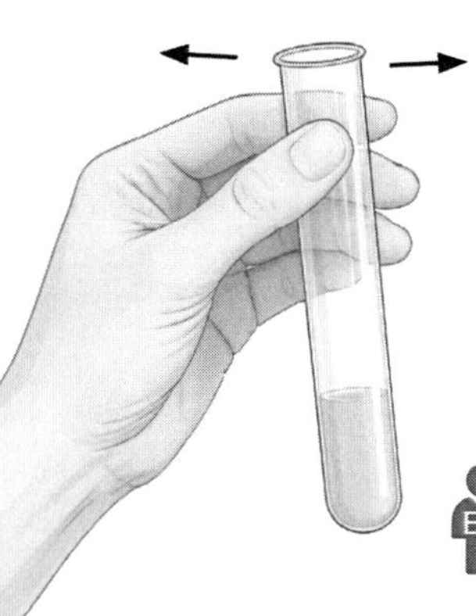

- *Fülle je einen Spatel voll Vitamin C in die beiden Reagenzgläser.*
- *Gib in eins dieser Reagenzgläser etwa 3 cm hoch Wasser.*
- *Gib in das andere Reagenzglas etwa 3 cm hoch Sonnenblumenöl.*
- *Schüttele beide Reagenzgläser jeweils eine Minute und stelle beide Reagenzgläser im Ständer ab.*

Aufgabe 1: **a)** *Schreibe deine Beobachtung in dein Heft.*

b) *Ist Vitamin C ein wasser- oder fettlösliches Vitamin?*

____

Versuch 2: *Ist **Vitamin E** wasser- oder fettlöslich?*

- *Stich zwei Vitamin E-Kapseln an und quetsche den Inhalt jeweils einer Kapsel in jeweils ein Reagenzglas.*
- *Gib in eins dieser Reagenzgläser etwa 3 cm hoch Wasser.*
- *Gib in das andere Reagenzglas etwa 3 cm hoch Sonnenblumenöl.*
- *Schüttele beide Reagenzgläser jeweils eine Minute und stelle beide Reagenzgläser im Ständer ab.*

Aufgabe 2: **a)** *Schreibe deine Beobachtung in dein Heft.*

b) *Ist Vitamin E ein wasser- oder fettlösliches Vitamin?*

____

ERNÄHRUNGSLEHRE AN STATIONEN
Mit Spaß und Akion zur gesunden Ernährung – Bestell-Nr. 11 326

II. Vitamine und Mineralstoffe

Station 4	Vitamin C	Name:

Aufgabe 1: *Der Text über das Vitamin C ist leider unvollständig. Finde die fehlenden Begriffe im Buchstabengitter und setze sie an die richtigen Stellen im Text ein.*

B	T	E	E	Ö	Ä	P	H	I	L	T	T	A	B	A	Y	A	K	Z	A	H	K
S	S	O	D	P	A	S	C	O	R	B	I	N	S	Ä	U	R	E	B	A	U	I
A	Ü	Z	S	U	S	A	M	K	A	R	P	V	A	V	O	G	E	M	Z	A	S
G	K	R	A	N	K	H	E	I	T	E	R	E	U	R	M	O	N	D	P	W	W
I	G	E	Ö	Q	U	A	S	S	D	A	V	O	E	T	E	I	P	Ü	S	V	V
I	W	O	W	E	I	L	P	U	M	M	E	R	R	T	N	F	I	S	C	E	N
H	S	S	B	P	U	N	T	E	L	E	Q	W	K	Z	S	C	R	Ä	T	S	I
U	W	A	L	S	R	O	S	I	J	J	K	L	R	Ü	C	K	L	Ö	Ä	O	O
N	Q	Q	Z	A	T	O	M	A	T	E	N	Ü	A	Y	H	Ä	O	K	L	A	U
O	A	R	B	E	I	T	G	G	L	O	H	K	U	N	E	Z	L	R	Ü	T	W
H	K	A	B	L	B	A	S	K	E	V	O	H	T	B	N	O	T	T	B	C	W
A	Z	I	E	G	O	P	F	L	A	N	Z	E	N	B	K	L	A	U	O	U	P
Ä	P	F	E	L	H	Ü	T	Z	A	K	O	H	R	A	B	Z	E	E	R	I	T
O	X	X	C	H	W	E	S	C	H	N	E	R	T	Ü	E	E	E	R	D	F	F
S	X	P	A	R	H	U	N	K	A	S	T	I	G	O	Ü	A	I	U	G	Ü	L
T	A	B	S	I	V	I	T	A	M	I	N	C	O	N	K	P	A	M	M	Ö	G

Der wissenschaftliche Name für das Vitamin C ist **Ascorbinsäure**.

______________________ kommt in __________ und Gemüse vor. Reich an Vitamin C sind u. a. Zitronen, Apfelsinen, ____________________, Kartoffeln, ___________, Paprika, Grünkohl und ________________.

________________ und Tiere können das Vitamin C selbst bilden. Ausnahmen sind wir ________________, Meerschweinchen, Affen und Wanderheuschrecken. Im Mittelalter trat häufig in Gefängnissen, bei Expeditionen und auf Segelschiffen, die sehr lange unterwegs waren, die ________________ **Skorbut** auf. Krankheitszeichen waren Zahnfleischbluten, Zahnausfall, Blutungen in Gelenken, Magen/Darm, Haut und Muskulatur, sowie Unfähigkeit zu körperlicher _____________. Führt man die Ascorbinsäure, also das __________________ zu, bekommt man kein ________________. Die Vorsilbe „a" im Wort Ascorbinsäure bedeutet „weg", „kein" oder „nicht". **A scor** bedeutet demnach kein Skorbut.

Station 5	Auch Vitamine kann man schützen! (2)	Name:

Obst und Gemüse aus der Region müssen nicht weit transportiert werden und können deshalb reif geerntet werden. Reifes Obst und Gemüse ist besonders reich an Vitaminen. Die Vitaminverluste während des kurzen Transports sind nur gering.
Entferne beim Putzen und Schälen von Obst und Gemüse nur das Nötigste. Wasche Obst und Gemüse möglichst unzerkleinert und nur kurz, aber gründlich.
Vitamine können durch Hitze und Luft zerstört werden.

Aufgabe 1: *Was machen die Personen in den Fallbeispielen nicht so ganz richtig? Wie können sie die Vitamine besser schützen? Begründe deine Antwort.*

Fallbeispiel 1:
Frau K. kauft fürs Wochenende Blumenkohl und Weintrauben ein. In Deutschland ist gerade Erntezeit. Es gibt ein reichhaltiges Angebot an Obst und Gemüse aus Deutschland zu günstigen Preisen. Frau K. wählt Blumenkohl aus den Niederlanden und Weintrauben aus Südafrika.

a) *Was macht Frau K. nicht so ganz richtig?*

b) *Wie kann Frau K. die Vitamine besser schützen?*

KOHL VERLAG ERNÄHRUNGSLEHRE AN STATIONEN Mit Spaß und Akion zur gesunden Ernährung – Bestell-Nr. 11 326

Station 5	Auch Vitamine kann man schützen! (2)	Name:

Fallbeispiel 2:
David bereitet Salat für eine Grillparty vor. Er zerkleinert die großen Salatblätter und wäscht sie 15 min gründlich mit Wasser.

a) *Was macht David nicht so ganz richtig?*

____

____

b) *Wie kann David die Vitamine besser schützen?*

____

____

____

Fallbeispiel 3:
Joana hat sich einen Apfel geschält und legt ihn ohne Abdeckung in Viertel geschnitten auf einen Teller. Sie telefoniert eine Stunde lang mit ihrer Freundin und isst dann ihren Apfel.

a) *Was macht Joana nicht so ganz richtig?*

____

____

b) *Wie kann Joana die Vitamine besser schützen?*

____

____

____

ERNÄHRUNGSLEHRE AN STATIONEN
Mit Spaß und Akion zur gesunden Ernährung – Bestell-Nr. 11 326

Station 6	Mineralstoffe – die Mengenelemente	Name:

Aufgabe 1: *Suche im Periodensystem der Elemente die aufgezählten Mengenelemente heraus und schreibe das Elementsymbol neben den Elementnamen.*

Mineralstoffe umfassen die **Mengenelemente** und Spurenelemente.
Zu den Mengenelementen gehören diese Mineralstoffe:

Calcium ______ Phosphor ______ Kalium ______ Schwefel ______

Chlor ______ Natrium ______ Magnesium ______

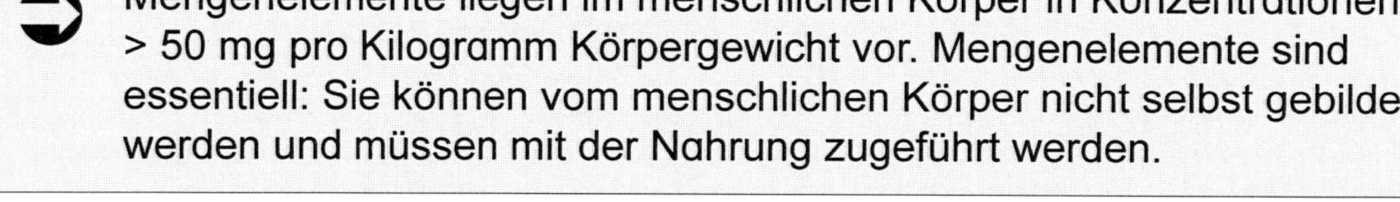

➲ Mengenelemente liegen im menschlichen Körper in Konzentrationen > 50 mg pro Kilogramm Körpergewicht vor. Mengenelemente sind essentiell: Sie können vom menschlichen Körper nicht selbst gebildet werden und müssen mit der Nahrung zugeführt werden.

Aufgabe 2: *Schreibe das durch das Symbol angegebene Mengenelement mit seinem Namen und notiere dann in deinem Heft, in welchem Lebensmittel dieses Mengenelement reichlich enthalten ist.*

➲ ***Beispiel:*** *Kalium ist reichlich in ... enthalten.*

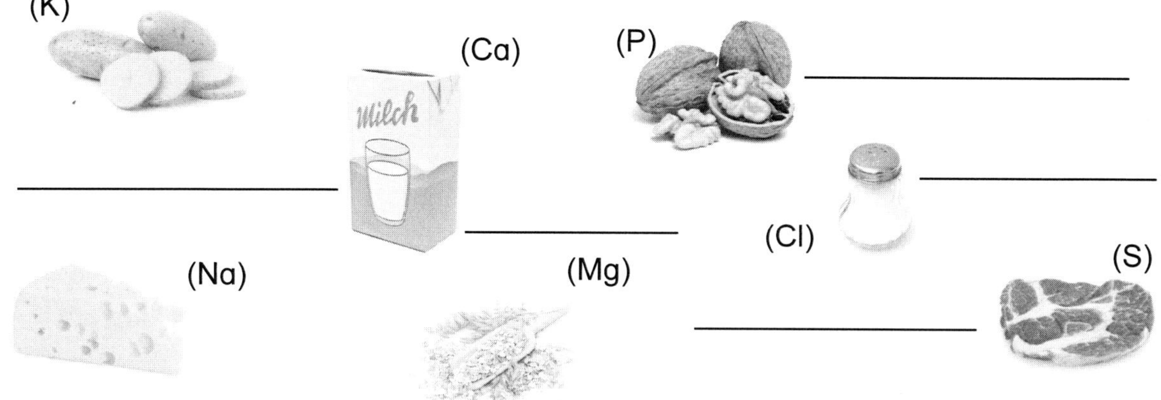

Aufgabe 3: *Löse das Rätsel:*

1. *Mengenelement, das in Milch enthalten ist:* ______________
2. *Gehören zu den Mineralstoffen:* ______________
3. *Gehören auch zu den Mineralstoffen:* ______________
4. *Mengenelement, das in Kartoffeln enthalten ist:* ______________
5. *Womit müssen Mengenelemente zugeführt werden?* ______________

ERNÄHRUNGSLEHRE AN STATIONEN
Mit Spaß und Akion zur gesunden Ernährung – Bestell-Nr. 11 326
KOHL VERLAG

Station 7	Mineralstoffe – die Spurenelemente	Name:

Aufgabe 1: *Suche im Periodensystem der Elemente die aufgezählten Spurenelemente heraus und schreibe den Elementnamen neben das Elementsymbol.*

Mineralstoffe umfassen die Mengenelemente und **Spurenelemente**.
Zu den Spurenelementen gehören u. a. diese Mineralstoffe:

Fe ________ Cu ________ Zn ________ F ________ I ________

Mn ________ Se ________ Cr ________ Mo ________

> ➲ Die hier aufgelisteten Spurenelemente sind für den Menschen essentiell. Sie müssen mit der Nahrung zugeführt werden. Sind die Körperspeicher leer, so kann das Fehlen dieser Spurenelemente im Blutbild oder Urin nachgewiesen werden. Werden die Speicher wieder aufgefüllt, verschwinden die Ausfallerscheinungen.
> Spurenelemente liegen im menschlichen Körper in Konzentrationen < 50 mg pro Kilogramm Körpergewicht (Ausnahme Eisen: 60 mg/kg KG), also nur in Spuren vor.

Aufgabe 2: *Schreibe das durch das Symbol angegebene Spurenelement mit seinem Namen und notiere dann in deinem Heft, in welchem Lebensmittel dieses Spurnelement vorkommt.*

➲ ***Beispiel:*** *Eisen ist reichlich in ... enthalten.*

(Fe) ________

(Zn) ________

(Cu) ________

(Iod) ________

(Mn) ________

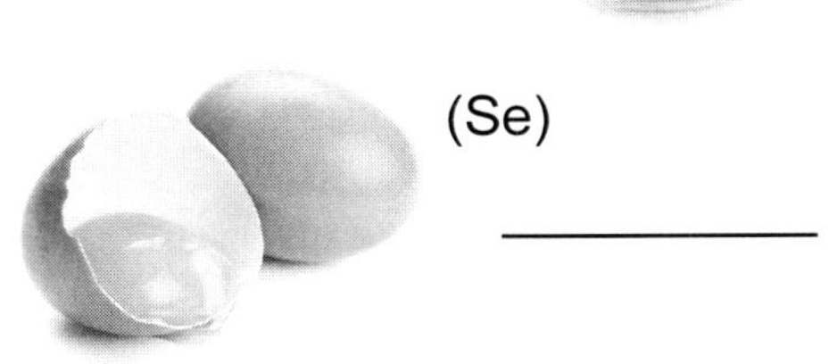

(F) ________

(Se) ________

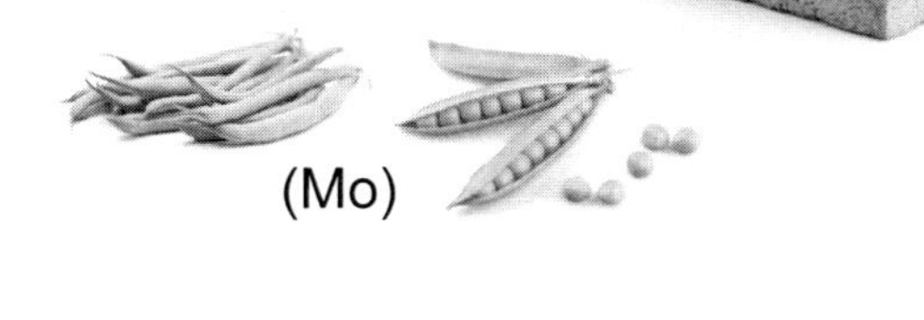

(Cr) ________

(Mo) ________

ERNÄHRUNGSLEHRE AN STATIONEN
Mit Spaß und Akion zur gesunden Ernährung – Bestell-Nr. 11 326
KOHL VERLAG

II. Vitamine und Mineralstoffe

Station 8	Mineralstoffmangel: Eisenmangel	Name:

Aufgabe 1: *Im folgenden Text erfährst du, wie es zu Eisenmangel kommt und welche Auswirkungen er hat. Fülle dazu den Lückentext aus.*

anfälliger – Blutfarbstoff – Eisen – Eisen – Eisenmangel – gestört – Immunsystem – Körper – leistungsfähig – Mangelerscheinung – Mineralstoff – müde – Nahrung – Sauerstoff – Unterernährung – Ursachen – Verletzungen

Eisen ist für uns Menschen ein bedeutender ______________________.
Der menschliche ______________ enthält etwa 2–4 g Eisen.
__________ ist ein wichtiger Bestandteil zahlreicher Wirkgruppen, die
_______________ und Elektronen (elektrisch negativ geladene Elementarteilchen) übertragen. Zu diesen Wirkgruppen gehören ...

- ➲ das Hämoglobin, das ist der rote ________________,
- ➲ das Myoglobin, das ist der rote Farbstoff in der Muskulatur, und
- ➲ verschiedene Enzyme. Zu den Enzymen gehören auch die Verdauungsstoffe.

Rote Blutkörperchen (Erythrozyten)

Die weltweit häufigste __________________________ ist die Eisenmangelanämie. Leidet jemand unter Eisenmangel, so ist er körperlich nicht besonders ______________. Diese Person fühlt sich häufig __________ und friert leicht. Die Wärmeregulation des Körpers ist bei Eisenmangel ebenfalls _______________. Auch sind Menschen, besonders Kinder mit Eisenmangel _______________ für Infekte. Selbst unser Immunsystem braucht Eisen, um funktionieren zu können. __________________, geringer Eisen-Gehalt der ____________, Menstruationsblutungen, Blutverluste bei __________________, Operationen, versteckte Blutungen im Magen-Darm-Bereich und Abgabe von ___________ in den Mutterkuchen (Plazenta) sowie in die Muttermilch in Schwangerschaft und Stillzeit können alles _______________ für Eisenmangel sein.

Aufgabe 2: *Da stimmt doch was nicht. Lies die folgenden Sätze aufmerksam durch. Schreibe dann den Satz mit richtigem Inhalt in dein Heft.*

1. Eisen ist für uns Menschen ein unwichtiger Mineralstoff.
2. Hämoglobin ist der rote Farbstoff in der Muskulatur.
3. Leidet jemand unter Eisenmangel, so ist er körperlich besonders leistungsfähig.
4. Das Immunsystem braucht kein Eisen, um funktionieren zu können.

II. Vitamine und Mineralstoffe

Station 9	**Warum braucht unser Körper Mineralstoffe? (1)**	Name:

Pflanzen, Tiere und Menschen brauchen Mineralstoffe, um gesund und leistungsfähig zu bleiben. Mineralstoffe sind für den Aufbau des Körpers notwendig und ermöglichen wichtige Körperfunktionen.
Menschen und Tiere können Mineralstoffe nicht selber bilden. Sie müssen Mineralstoffe über den Verzehr von Pflanzen und pflanzenfressenden Tieren aufnehmen.

Aufgabe 1: **a)** *Male die Abbildungen des Menschen auf Seite 32 an. Verwende dabei folgende Farben: Rot für das Blutgefäß-System mit Herz, Gelb für das Nervensystem und Hellblau für das Skelett.*

b) *Schneide die Textkästen über Funktionen der Mineralstoffe unten aus und klebe sie an die passenden Stellen in die Abbildungen des Menschen auf Seite 32.*

Mineralstoffe sind Bausteine für die **Zähne**. Sie härten den Zahnschmelz und schützen vor Karies.

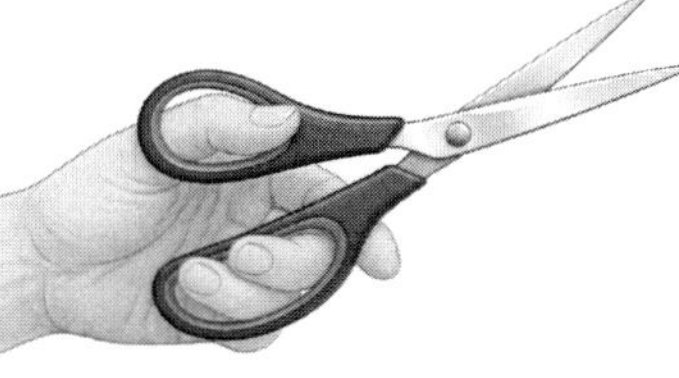

Mineralstoffe sind Bestandteile des **Skeletts**. Sie geben dem Skelett die nötige Festigkeit und ermöglichen so seine Stützfunktion.

Mineralstoffe haben Einfluss auf die Aktivität des **Nervensystems**. Sie ermöglichen die Reizleitung.

Mineralstoffe sind an der **Blutgerinnung** beteiligt.

Mineralstoffe ermöglichen die Funktion des **Herzens**.

Mineralstoffe sind an der Bildung des **Blut- und Muskelfarbstoffes** beteiligt.

II. Vitamine und Mineralstoffe

Station 9	Warum braucht unser Körper Mineralstoffe? (2)	Name:

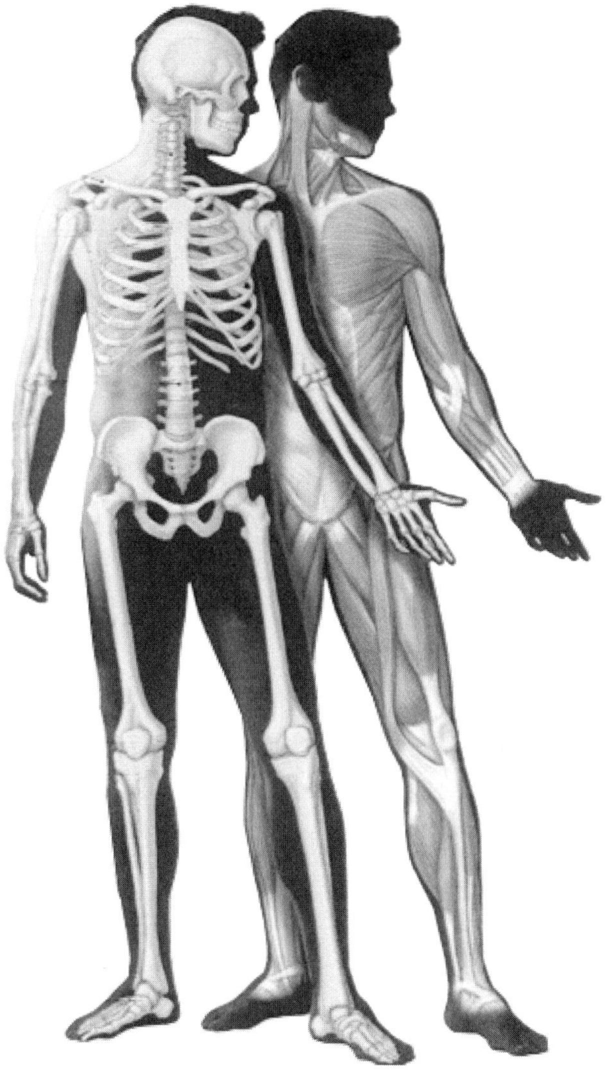

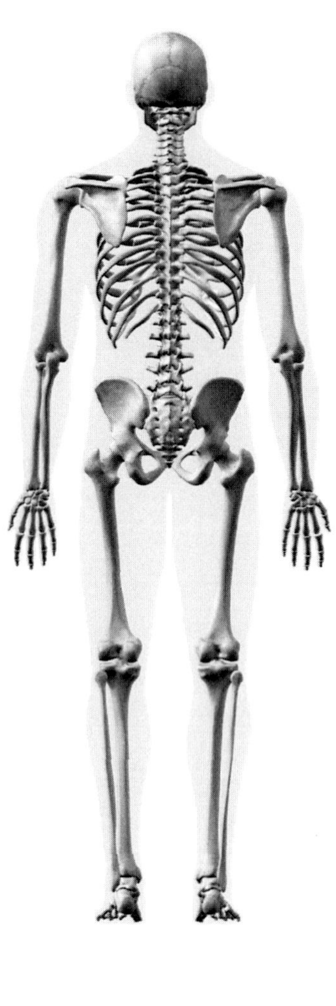

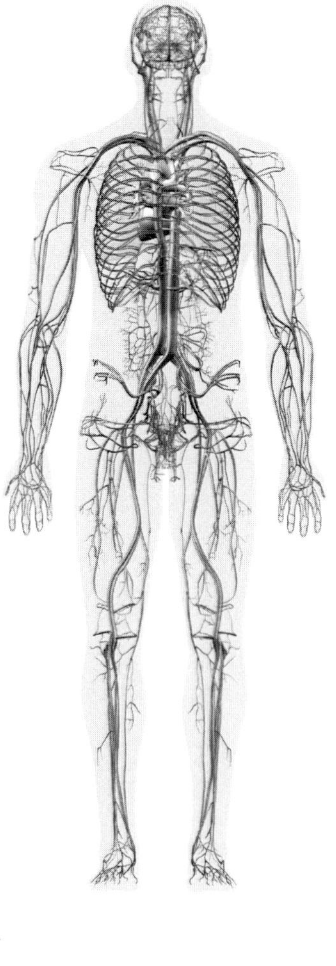

III. Kohlenhydrate

Station 1	Was sind Kohlenhydrate und wo kommen sie vor? (1)	Name:

Aufgabe 1: *Kohlenhydrate sind Verbindungen aus Kohlenstoff (C), Wasserstoff (H) und Sauerstoff (O).*
Male das ***Traubenzucker-Molekül*** *farbig an. Verwende folgende Farben: Schwarz für Kohlenstoff, Rot für Wasserstoff und Blau für Sauerstoff.*

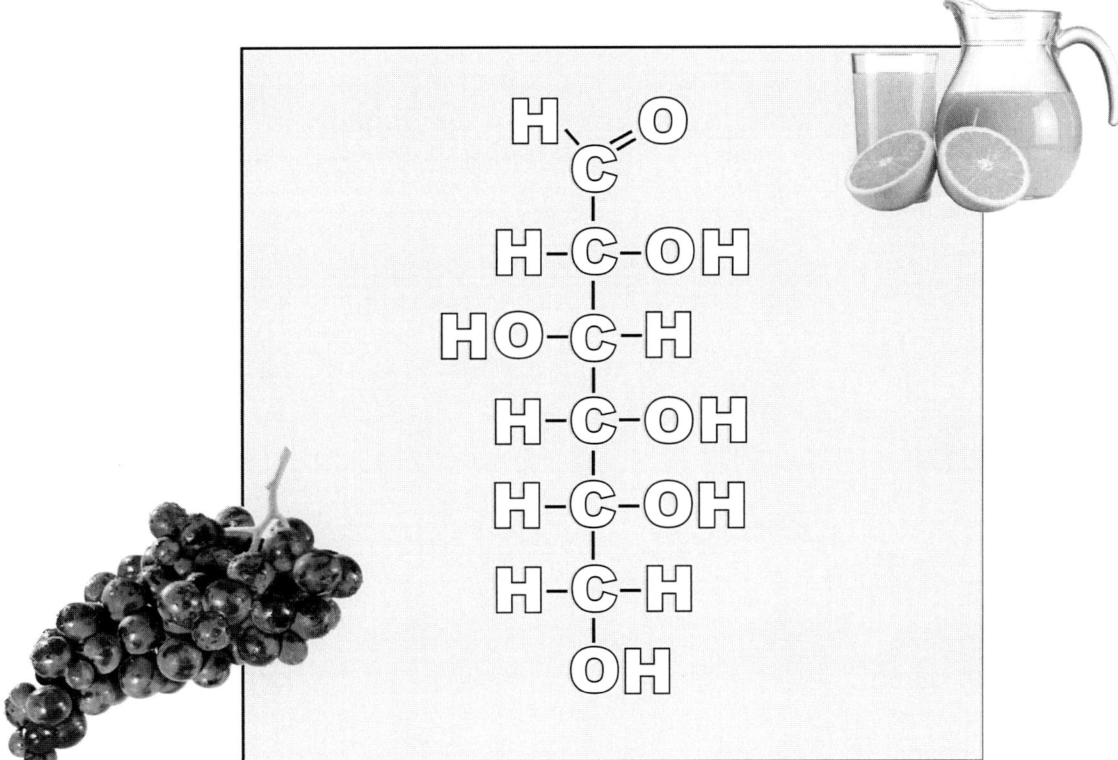

Zu den Kohlenhydraten gehören die Einfachzucker wie Traubenzucker und Fruchtzucker. Sie bestehen aus nur einem Zucker-Molekül. Die Zweifachzucker wie Malz-, Milch-, und Haushaltszucker sind aus zwei Zucker-Molekülen zusammengesetzt. Haushaltszucker ist aus einem Molekül Traubenzucker und einem Molekül Fruchtzucker aufgebaut. Die Vielfachzucker, wie Stärke bestehen aus mehreren bis sehr vielen miteinander verbundenen und verketteten Zucker-Molekülen. Bei Stärke sind sehr viele Traubenzucker-Moleküle miteinander verbunden und verkettet.

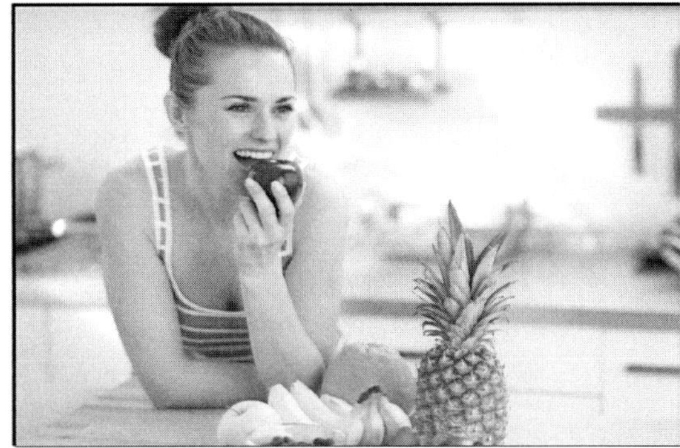

ERNÄHRUNGSLEHRE AN STATIONEN
Mit Spaß und Akion zur gesunden Ernährung – Bestell-Nr. 11 326
KOHL VERLAG

III. Kohlenhydrate

Station 1	Was sind Kohlenhydrate und wo kommen sie vor? (2)	Name:

Aufgabe 2: *Fülle die Tabelle unten aus.*

a) *Ordne die folgenden Kohlenhydrate richtig zu: Haushaltszucker, Traubenzucker, Stärke, Malzzucker, Fruchtzucker und Milchzucker.*

b) *Ordne die Lebensmittel richtig zu. Einen Hinweis können dir dabei die Namen der Kohlenhydrate und Lebensmittel liefern: Obst, Milch, Brot, Weintrauben, Malztrunk, Kartoffeln.*

c) *Probiere von den bereitgestellten Proben. Welchen Geschmack haben Einfach-, Zweifach- oder Vielfachzucker? Süß, sehr süß oder geschmacksneutral?*

d) *Gib jeweils in ein Reagenzglas eine Spatelspitze Traubenzucker, Milchzucker und Stärke (Speisestärke). Fülle dann das Reagenzglas bis zur Hälfte mit Wasser, verschließe es mit einem Stopfen und schüttele das Reagenzglas. Sind diese Kohlenhydrate wasserlöslich?*

	Einfachzucker	**Zweifachzucker**	**Vielfachzucker**
Beispiele für die verschiedenen Kohlenhydrate			
Lebensmittel, in denen diese Kohlenhydrate vorkommen			
Geschmack			
Löslichkeit in Wasser			

ERNÄHRUNGSLEHRE AN STATIONEN
Mit Spaß und Akion zur gesunden Ernährung – Bestell-Nr. 11 326
KOHL VERLAG

Station 2	Die Verdauung von Kohlenhydraten	Name:

Kaust du ein Stück Weißbrot sechs Minuten gut durch, so bemerkst du einen süßlichen Geschmack. Aber wie kann es sein, dass Brot, das normalerweise nicht süß schmeckt, plötzlich süß wird?
Das liegt daran, dass die Verdauung der Stärke, die im Brot reichlich enthalten ist, bereits im Mund beginnt. Im Speichel ist ein Verdauungsstoff (Enzym) enthalten, der die Stärke teilweise in Zucker abbaut. Dieser Verdauungsstoff (Enzym) wirkt so lange, bis er vom Magensaft inaktiviert wird. Im Magen werden keine Kohlenhydrate verdaut. Erst im Zwölffingerdarm gibt es wieder Verdauungsstoffe (Enzyme), die die Stärke weiter zu Zweifachzuckern abbauen. Diese Verdauungsstoffe werden von der Bauchspeicheldrüse gebildet und in den Zwölffingerdarm abgegeben.
Die Zweifachzucker werden dann in Zellen der Dünndarmschleimhaut aufgenommen und dort in Einfachzucker gespalten.
Haushaltszucker wird in Traubenzucker und Fruchtzucker, Milchzucker in Traubenzucker und Schleimzucker, Malzzucker in zwei Moleküle Traubenzucker gespalten.
Diese Einfachzucker können nun ins Blut aufgenommen und mit dem Blut zu den verschiedenen Geweben und Zellen in deinem Körper transportiert werden.

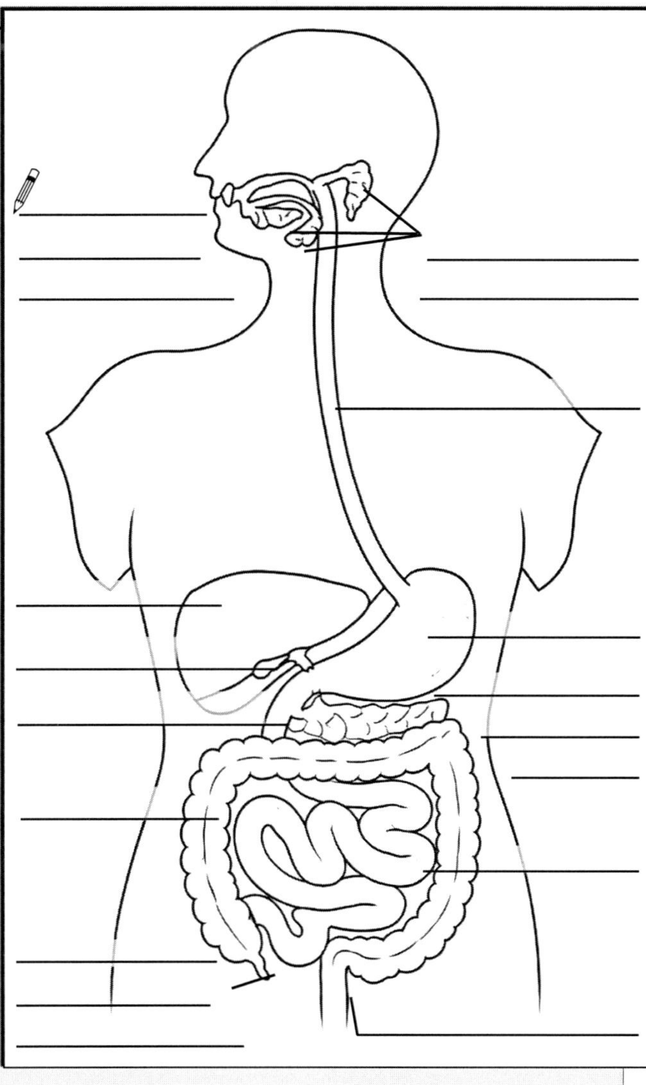

Aufgabe 1: **a)** *Lies den Text zur Verdauung von Kohlenhydraten sorgfältig durch.*

b) *Beschrifte die Abbildung vom Verdauungstrakt des Menschen:*
Mund mit Zähnen und Zunge – Mundspeicheldrüsen – Speiseröhre – Magen – Bauchspeicheldrüse – Leber – Gallenblase – Zwölffingerdarm – Dünndarm – Dickdarm – Blinddarm mit Wurmfortsatz – Mastdarm

c) *Welche Organe sind an der Verdauung der Kohlenhydrate beteiligt?*

d) *Male die Organe, die an der Verdauung der Kohlenhydrate beteiligt sind, in der Abbildung an. Verwende Gelb für Mund mit Zähnen und Zunge, Mundspeicheldrüsen und Bauchspeicheldrüse; Rot für Speiseröhre, Magen, Zwölffingerdarm und Dünndarm; Braun für die Leber; Grün für Gallenblase, Dickdarm, Blinddarm mit Wurmfortsatz und Mastdarm.*

ERNÄHRUNGSLEHRE AN STATIONEN
Mit Spaß und Akion zur gesunden Ernährung – Bestell-Nr. 11 326

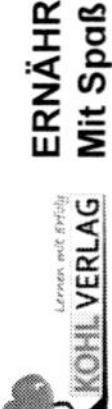

III. Kohlenhydrate

Station 3	Kohlenhydrathaltige Lebensmittel	Name:

In dieser Tabelle sind verschiedene Lebensmittel mit ihren Kohlenhydratgehalten aufgelistet:

Lebensmittel	Kohlenhydratgehalt in g/100 g Lebensmittel	Farbe
Linsen, gekocht	20	Orange
Vollkornmehl	73	Hellblau
Roggenbrot	48	Hellblau
Rosinen	80	Hellblau
Nektarine	12	Grün
Kartoffeln, gekocht	20	Orange
Blumenkohl	5	Gelb
Zwiebel	9	Gelb
Apfel	15	Grün
Banane	23	Orange
Kirschen	17	Grün
Wirsing	10	Gelb

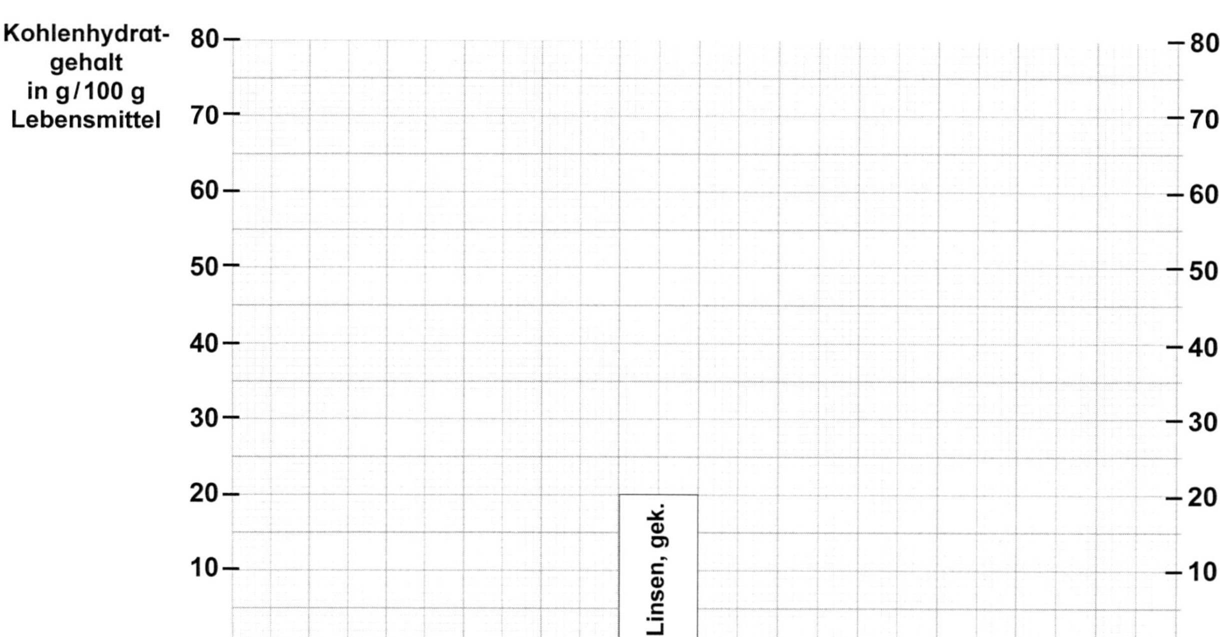

Aufgabe 1: **a)** *Vergleiche die Kohlenhydratgehalte dieser Lebensmittel miteinander. Erstelle dazu ein Säulendiagramm. Beginne mit dem Lebensmittel, das den höchsten Kohlenhydratgehalt hat.*
Schreibe den Namen des jeweiligen Lebensmittels in die Säule.
Male dann die Säulen in den angegebenen Farben aus.

b) *Das lässt sich jetzt spielend aus dem Diagramm ablesen:*
Zwei Lebensmittel, die den gleichen Kohlenhydratgehalt haben, jeweils das Lebensmittel mit dem höchsten und niedrigsten Kohlenhydratgehalt und eine Obstsorte mit einem hohen Kohlenhydratgehalt.

ERNÄHRUNGSLEHRE AN STATIONEN
Mit Spaß und Akion zur gesunden Ernährung – Bestell-Nr. 11 326

III. Kohlenhydrate

Station 4	Wie entstehen Kohlenhydrate?	Name:

Grüne Pflanzen besitzen die Fähigkeit, aus Kohlenstoffdioxid (CO_2) und Wasser (H_2O) Kohlenhydrate aufzubauen und dabei Sauerstoff (O_2) abzugeben. Dazu benötigt die Pflanze Licht. Dieser Vorgang wird deshalb auch als Fotosynthese bezeichnet.
Dass grüne Pflanzen Kohlenhydrate aufbauen und dazu Licht benötigen, kannst du in einem Versuch nachweisen.

Versuch 1:

- *Verdunkele ein grünes Blatt an einer Pflanze teilweise mit einem Streifen aus Aluminiumfolie. Befestige dazu den Streifen aus Aluminiumfolie mit zwei Büroklammern am Blatt.*
- *Belichte das verdunkelte und ein nicht verdunkeltes Blatt einen Tag lang.*

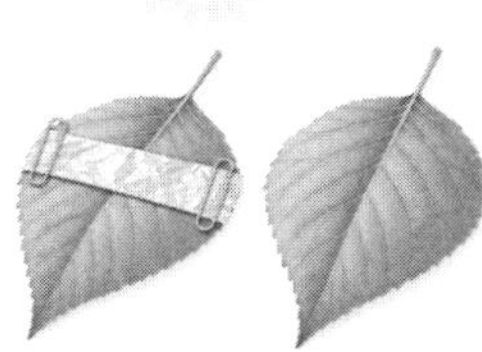

- *Entferne die Aluminiumfolie und dann beide Blätter von der Pflanze. Lege sie in eine Petrischale mit Aceton oder Methanol. Dadurch werden die Blattfarbstoffe herausgelöst.*
- *Lege nun beide Blätter in eine Petrischale mit einer Iodlösung. Iodlösung bildet zusammen mit Stärke, einem Kohlenhydrat eine tiefblaue Färbung.*
- *Schreibe auf, was du beobachtest.*

____

____

____

Aufgabe 1: *Beantworte folgende Fragen in ganzen Sätzen. Schreibe in dein Heft.*

a) *Wozu sind grüne Pflanzen fähig?*

b) *Wie wird der in Aufgabe* **a)** *beschriebene Vorgang genannt und warum?*

c) *Können grüne Pflanzen auch ohne Licht Kohlenhydrate bilden?
Begründe deine Antwort mit den Ergebnissen aus dem Versuch.*

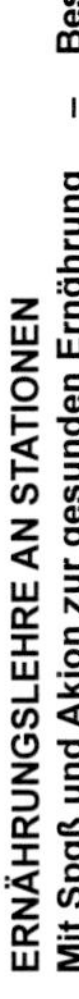

Station 5	Nachweis von Stärke in Lebensmitteln	Name:

Stärke ist ein Vielfachzucker, der in Pflanzen vorkommt. Du nimmst Stärke mit deiner Nahrung auf, wenn du stärkehaltige pflanzliche Lebensmittel verzehrst. In welchen Lebensmitteln Stärke enthalten ist, kannst du in einem kurzen Versuch nachweisen.

Versuch 1:

- *Gib von jedem Lebensmittel eine kleine Menge (vier Körner Reis, ein Spatel Mehl, eine Nudel usw.) in ein Glasschälchen oder auf ein Uhrglas.*
- *Träufle nun mit der Pipette jeweils drei Tropfen Iodlösung auf die Lebensmittel-Proben.*
- *Schreibe auf, was du beobachtest.*

____

____

____

____

- *In welchen der untersuchten Lebensmittel ist Stärke enthalten? Trage dazu deine Versuchsergebnisse in die Tabelle ein.*

Lebensmittel-Probe	Blaufärbung (ja/nein)	enthält Stärke ((ja/nein)
Brot		
Kartoffel		
Würfelzucker		
Reis		
Apfel		
Zwieback		
Nudeln		
Mehl		
Paprika		

ERNÄHRUNGSLEHRE AN STATIONEN
Mit Spaß und Akion zur gesunden Ernährung – Bestell-Nr. 11 326

III. Kohlenhydrate

Station 6	Kohlenhydratreiche Lebensmittel – eine Collage	Name:

Kohlenhydrate in unserer Nahrung sind für unseren Körper wichtige Energielieferanten. Zu den Kohlenhydraten gehören die Einfachzucker wie Traubenzucker und Fruchtzucker. Malz-, Milch- und Haushaltszucker sind Zweifachzucker. Stärke ist ein Vielfachzucker und kommt u. a. in Brot und Kartoffeln vor.

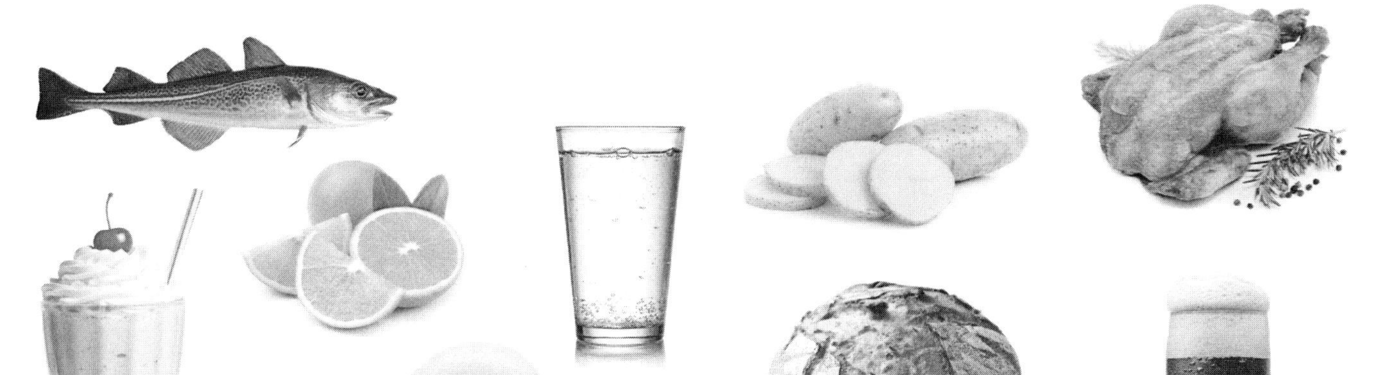

Malz

EA

Aufgabe 1: *Schau dir die Abbildungen genau an. Welche von diesen Lebensmitteln sind kohlenhydratreiche Lebensmittel? Schneide sie aus und klebe daraus eine Collage auf ein Blatt. Um deine Collage noch zu erweitern, kannst du weitere Abbildungen von kohlenhydratreichen Lebensmitteln aus Prospekten ausschneiden und auch aufkleben. Oder male einfach weitere kohlenhydratreiche Lebensmittel dazu.*

➲ *Hier noch ein kleiner Tipp: Wenn du dir nicht ganz sicher bist, ob ein Lebensmittel Kohlenhydrate enthält, dann schau auf die Zutatenliste von Lebensmittelverpackungen. Du hast bestimmt noch weitere Ideen, wo und wie man herausfinden kann, ob es sich um ein kohlenhydratreiches Lebensmittel handelt.*

IV. Fett

Station 1	Was ist Fett?	Name:

Fette sind aus Glycerin und Fettsäuren zusammengesetzt. Glycerin und Fettsäuren sind Verbindungen aus Kohlenstoff (C), Wasserstoff (H) und Sauerstoff (O).
Ein Molekül Fett besteht aus einem Molekül Glycerin und drei Fettsäuremolekülen.
Es gibt verschiedene Fettsäuren mit 4 bis 24 Kohlenstoffatomen. Je nach Anzahl der Kohlenstoffatome in einem Fettsäuremolekül spricht man von kurzkettigen oder langkettigen Fettsäuren.

Aufgabe 1:

Male das Molekül Fett, bestehend aus einem Molekül Glycerin und drei Fettsäuremolekülen, farbig an. Verwende dabei diese Farben: Schwarz für Kohlenstoff, Rot für Wasserstoff und Blau für Sauerstoff.

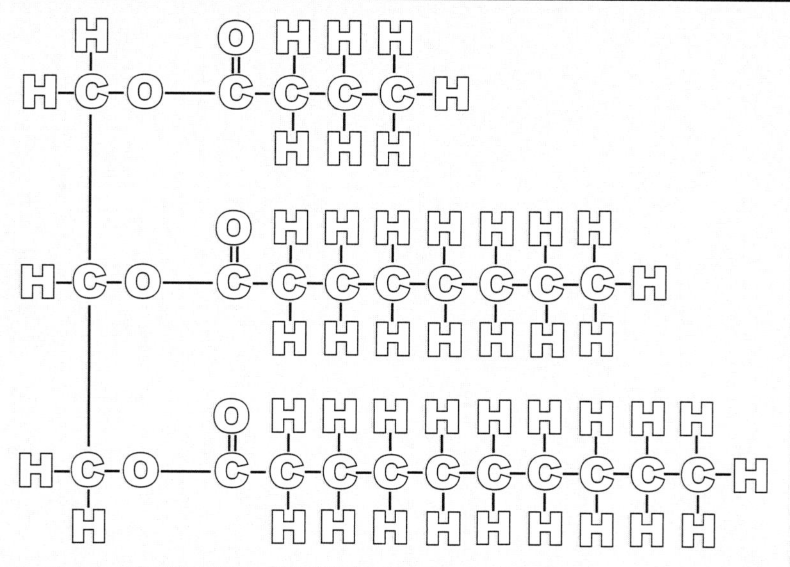

Versuch 1:

- *Gib jeweils in ein Reagenzglas einen Spatel oder zehn Tropfen Sonnenblumenöl, Olivenöl, Butter und Margarine.*
- *Fülle dann jedes Reagenzglas bis zur Hälfte mit warmem Wasser.*
- *Verschließe jedes Reagenzglas mit einem Stopfen und schüttele.*
- *Was kannst du beobachten?*
- *Stelle die Reagenzgläser in einen Reagenzglasständer und beobachte nach 5–10 Minuten wieder.*
- *Trage deine Beobachtungen in die Tabelle ein.*

Fett	Butter	Margarine	Olivenöl	Sonnenblumenöl
Aussehen/ Farbe				
Eigenschaft fest/flüssig				
Löslichkeit in Wasser				
Nach 5–10 min: Wo lagert sich das Fett/Öl ab?				

IV. Fett

Station 2	Welche Fette gibt es und wo kommen sie vor?	Name:

Bei den Fetten wird zwischen tierischen und pflanzlichen Fetten unterschieden.
Fette können bei Zimmertemperatur flüssig, weich oder hart sein.

Aufgabe 1: *Ordne die folgenden Fette zu. Ist es ein tierisches oder pflanzliches Fett? Ist das Fett bei Zimmertemperatur flüssig, weich oder hart?*

Sonnenblumenöl – Erdnussöl – Sonnenblumen-Margarine – Butter – Rapsöl – Maiskeimöl – Olivenöl – Schweineschmalz – Koch- und Backfett (z. B. Palmin©)

Tierische Fette			Pflanzliche Fette		
flüssig	**weich**	**hart**	**flüssig**	**weich**	**hart**

Aufgabe 2: *Unterstreiche die richtigen Aussagen:*

1. Es gibt nur pflanzliche Fette.
2. Fette sind bei Zimmertemperatur immer weich oder flüssig.
3. Butter ist ein tierisches Fett.
4. Bei den Fetten wird zwischen tierischen und pflanzlichen Fetten unterschieden.
5. Schweineschmalz ist ein pflanzliches Fett.
6. Fette können bei Zimmertemperatur weich, flüssig oder hart sein.
7. Sonnenblumenöl gehört zu den pflanzlichen Fetten.

IV. Fett

Station 3	Welche Bedeutung hat Fett für den Menschen?	Name:

Aufgabe 1: *Vervollständige den folgenden Lückentext. Danach weißt du, warum zu einer ausgewogenen Ernährung auch Fett gehört.*

Augen – bewegen – Blutkreislauf – denken – Energie – fetthaltigen – Nieren – fettlösliche – Fettpolster – Fettschicht – kalt – speichert – Stößen – Vitamine – Übergewicht – wachsen – Wärmeverlusten – Geschmacks- und Aromastoffen

Fette liefern ______________, die du brauchst, um dich ______________ , ______________ und ______________ zu können. Es gibt ______________ Vitamine (A, D, E und K), die dein Körper unbedingt braucht. Das Fett ist Träger und Lösungsmittel dieser Vitamine. Erst wenn das Fett diese Vitamine gelöst hat, können sie aus dem Darm in den ______________ gelangen. So erreichen die ______________ alle Organe in unserem Körper. Fett schützt aber auch empfindliche Organe wie ______________ und ______________ durch ein ______________ vor ______________ und Erschütterungen. Auch unsere Hand- und Fußballen sind mit einer ______________ gepolstert. Wenn es draußen sehr ______________ ist, schützt uns das Unterhautfettgewebe vor zu hohen ______________.

Die Zellen unseres Körpers bestehen aus einem flüssigen Stoff, der von einer ______________ Hülle (Membran) umschlossen ist. Hätten die Zellen diese Membran nicht, würde unser Körper auseinanderfließen.

Fett ist Träger von ______________________________. Fett ist also u. a. auch dafür verantwortlich, dass uns unser Essen schmeckt.

Nimmst du allerdings zu viel Fett mit der Nahrung auf, wird nicht alles Fett in Kraft und Energie umgewandelt. Dein Körper ______________ das überflüssige Fett. Im Körper entstehen Fettpolster. Auf Dauer kommt es dadurch zu ______________.

Aufgabe 1: *Unterstreiche die richtigen Aussagen:*

1. Zu einer ausgewogenen Ernährung gehört auch Fett.
2. Nehme ich zu wenig Fett mit der Nahrung auf, so wird nicht alles Fett in Kraft und Energie umgewandelt.
3. Fettpolster schützen empfindliche Organe wie Augen und Nieren vor Stößen und Erschütterungen.
4. Fett ist Träger von Geschmacks- und Aromastoffen.
5. Es gibt keine fettlöslichen Vitamine, die mein Körper braucht.
6. Fette liefern Energie, die wir brauchen, um uns bewegen, wachsen und denken zu können.
7. Das Unterhautfettgewebe schützt uns vor zu hohen Wärmeverlusten.

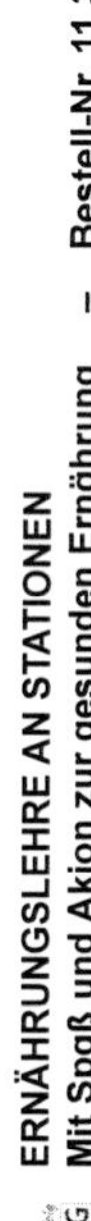
ERNÄHRUNGSLEHRE AN STATIONEN
Mit Spaß und Akion zur gesunden Ernährung – Bestell-Nr. 11 326

IV. Fett

Station 4	Die Verdauung von Fetten	Name:

Die Verdauung von Fetten beginnt im Zwölffingerdarm. Da Fette in Wasser unlöslich sind, ist vor einer Spaltung durch Verdauungsstoffe (Enzyme) eine Emulgierung der Fette notwendig. Im Zwölffingerdarm werden die Fette durch die Gallensäuren des Gallensaftes emulgiert. Gallensäuren werden von der Leber hergestellt und als Gallensaft in der Galle gespeichert.
Nach der Emulgierung liegen die Fette als Tröpfchen vor und sind wasserlöslich.
Nun können die Verdauungsstoffe (Enzyme) aus der Bauchspeicheldrüse wirksam werden.
Die fettspaltenden Verdauungsstoffe (Enzyme) heißen Lipasen. Sie spalten die Fette in Glycerin, freie Fettsäuren, Diglyceride (Glycerin mit zwei Fettsäuren) und Monoglyceride (Glycerin mit einer Fettsäure).
Nach der Zerlegung der Fette im Dünndarm erfolgt die Aufnahme der Endprodukte (freie Fettsäuren, Glycerin, Mono-, Di- und Triglyceride) aus dem Dünndarm in den Körper.

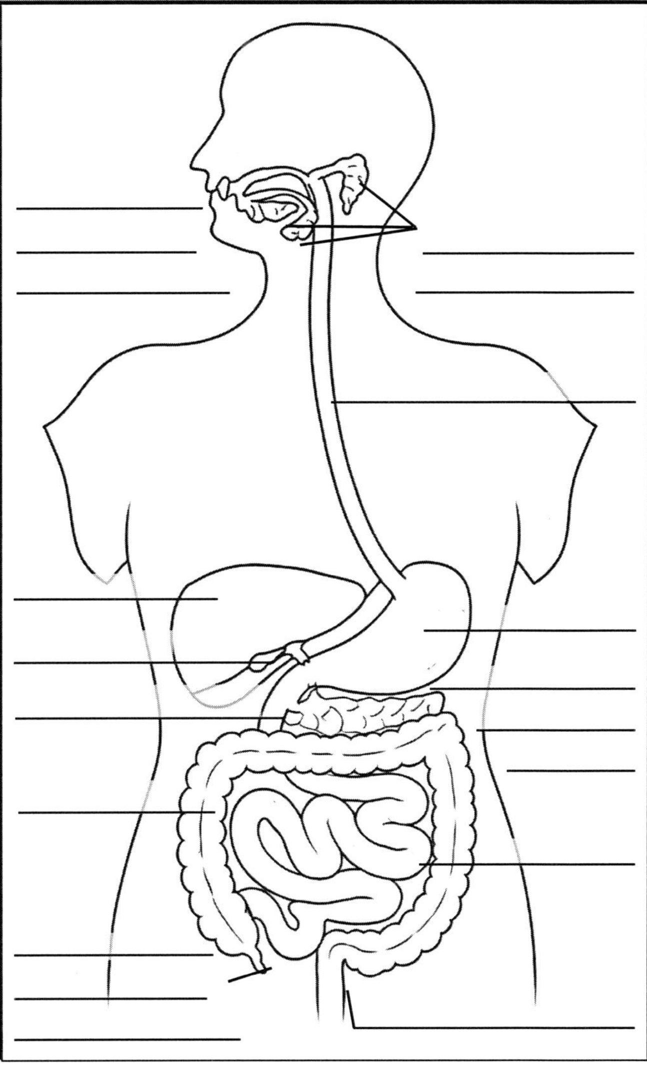

➲ Eine Emulsion ist ein Gemisch aus 2 oder mehreren ineinander unlöslichen Flüssigkeiten, von denen die eine Flüssigkeit in Form von Tröpfchen in der anderen Flüssigkeit verteilt ist. Die bekannteste Emulsion ist Milch: Fetttröpfchen im Wasser.

Aufgabe 1: **a)** *Lies den Text zur Verdauung von Fetten sorgfältig durch.*

b) *Beschrifte die Abbildung vom Verdauungstrakt des Menschen:*
Mund mit Zähnen und Zunge – Mundspeicheldrüsen – Speiseröhre – Magen – Bauchspeicheldrüse – Leber – Gallenblase – Zwölffingerdarm – Dünndarm – Dickdarm – Blinddarm mit Wurmfortsatz – Mastdarm

c) *Welche Organe sind an der Verdauung der Fette beteiligt?*

d) *Male die Organe, die an der Verdauung der Fette beteiligt sind, in der Abbildung an. Verwende dabei folgende Farben: Gelb für Mund mit Zähnen und Zunge, Mundspeicheldrüsen und Bauchspeicheldrüse; Rot für Speiseröhre, Magen, Zwölffingerdarm und Dünndarm; Braun für die Leber; Grün für Gallenblase, Dickdarm, Blinddarm mit Wurmfortsatz und Mastdarm.*

ERNÄHRUNGSLEHRE AN STATIONEN
Mit Spaß und Akion zur gesunden Ernährung – Bestell-Nr. 11 326

IV. Fett

Station 5	Der Fettbedarf	Name:

Das lohnt sich zu merken:
Um den Fettbedarf zu decken, wird empfohlen, pro Tag **1 g Fett je Kilogramm Körpergewicht** aufzunehmen. Ungefähr die Hälfte des Tagesbedarfs an Fett sollten durch Aufstrichfette (Butter, Margarine) und Fette, die zur Nahrungszubereitung verwendet werden, gedeckt werden. Die andere Hälfte unseres Fettbedarfs decken wir durch „versteckte" Fette in Back- oder Wurstwaren.

Aufgabe 1: a) ***Joana*** *wiegt 50 kg. Wie viel von welchen Fetten darf Joana täglich aufnehmen?*

Aufstrichfett + Koch- und Bratfett ______ *g*

+ „versteckte" Fette ______ *g*

Sie hat einen Tagesbedarf an Fett von ______ g

b) ***Moritz*** *wiegt 46 kg. Wie hoch ist sein Tagesbedarf an Fett?*

Aufstrichfett + Koch- und Bratfett ______ *g*

+ „versteckte" Fette ______ *g*

Er hat einen Tagesbedarf an Fett von ______ g

Aufgabe 2: *Löse die beiden Bilderrätsel. Die Lösungen ergeben zwei Lebensmittel, in denen Fette „versteckt" sind.*

– 3, + ei, – 7

– 1, + w, + u, + r

____

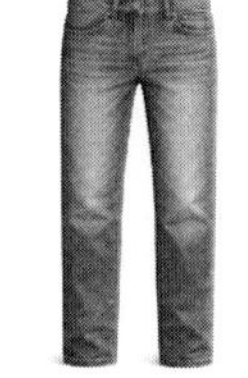

– 1, + T, – 3, + r, + t

____

IV. Fett

Station 6	Was passiert, wenn man regelmäßig zu viel Fett aufnimmt?	Name:

Nimmt man regelmäßig mehr Fett auf, als der Körper braucht, wird das überschüssige Fett im Körper gespeichert. Es bilden sich Fettpolster und es entsteht Übergewicht.
Eine überhöhte Fettzufuhr führt langfristig auch zu erhöhten Blutfettwerten.
Übergewicht und erhöhte Blutfettwerte sind die Hauptrisikofaktoren für eine frühzeitige Herzerkrankung.
Die Deutsche Gesellschaft für Ernährung (DGE) empfiehlt für Personen mit leichter bis mittelschwerer körperlicher Arbeit 30–35 % der Energiezufuhr in Form von Fett zu decken. Das sind 67–80 g Gesamtnahrungsfett pro Tag.
Als Faustregel kannst du dir auch merken: 1 g Fett pro Kilogramm Körpergewicht.

Aufgabe 1: ***„In der Bundesrepublik Deutschland liegt der Fettverbrauch im Tagesdurchschnitt bei 140 g."***

Was heißt das? Lies dazu den Informationstext oben sorgfältig durch und kreuze dann die richtige Antwort an.

1. Viele Bundesbürger verzehren pro Tag mehr Fett, als die Deutsche Gesellschaft für Ernährung empfiehlt. ☐
2. Alle Bürger der Bundesrepublik Deutschland wissen über die Folgen einer überhöhten Fettzufuhr Bescheid und halten sich an die Empfehlung der Deutschen Gesellschaft für Ernährung. ☐
3. Alle Bundesbürger ernähren sich zu fettreich und haben Übergewicht. ☐

Aufgabe 2: *Verbinde die richtigen Begriffe/Satzteile miteinander. Schreibe dann die Begriffe/Satzteile als vollständige Sätze und in der richtigen Reihenfolge in dein Heft/in deinen Ordner.*

Überhöhte Fett-Zufuhr	**Mehr Fett, als der Körper braucht**
Fettpolster	**Erhöhte Blutfettwerte**
Fett wird im Körper gespeichert.	**Übergewicht**

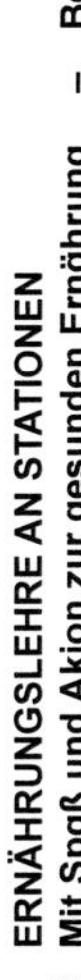

IV. Fett

Station 7	Fettreiche und fettarme Lebensmittel	Name:

In vielen Lebensmitteln ist Fett enthalten. Lebensmittel, die viel Fett enthalten, werden auch als fettreiche Lebensmittel bezeichnet. Lebensmittel, die kein oder nur wenig Fett enthalten, gehören zu den fettarmen Lebensmitteln.
Damit du dich abwechslungsreich und nicht zu fettreich ernähren kannst, ist es wichtig für dich zu wissen, welche Lebensmittel viel, wenig oder kein Fett enthalten. Obst und Gemüse enthalten kaum oder gar kein Fett. Viele Wurstsorten, Schokolade und Pommes dagegen sind fettreiche Lebensmittel.

Aufgabe 1: *Die folgende Tabelle zeigt dir, wie viel Gramm Fett in 100 g von diesem Lebensmittel enthalten sind. Vergleiche die Fettgehalte der Lebensmittel in der Tabelle miteinander. Erstelle dazu ein Säulendiagramm. Beachte dabei Folgendes:*

a) *Jede Säule soll 1 cm breit werden.*
b) *1 g entspricht 1 mm.*
c) *Schreibe das jeweilige Lebensmittel in die Säule.*
d) *Beginne mit dem Lebensmittel mit dem höchsten Fettgehalt.*
e) *Male die Säulen der fettreichen Lebensmittel gelb und die Säulen der fettarmen Lebensmittel orange aus.*

Lebensmittel	Fett	Lebensmittel	Fett
Schweine-Hackfleisch	**21 g**	Makrelen-Filet	**16 g**
Rinder-Filet	**23 g**	Vollmilch-Schokolade	**31 g**
Schweine-Kotelett	**14 g**	Salat-Mayonnaise	**54 g**
Erdnüsse	**49 g**	kernige Haferflocken	**7 g**
Forellen-Filet	**4 g**	Nuss-Nougat-Creme	**32 g**
Kirschen	**1 g**	Kartoffel-Chips	**35 g**

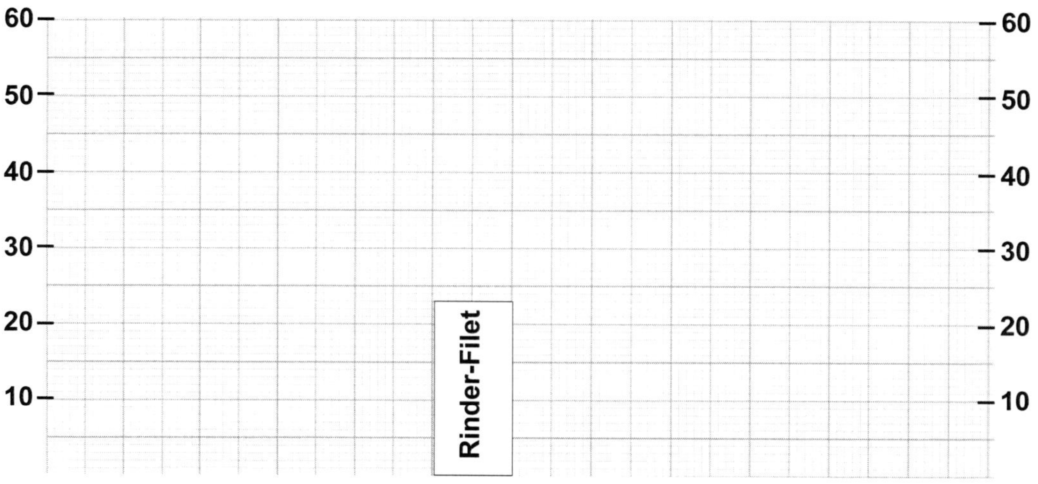

IV. Fett

Station 8	Versteckte Fette	Name:

In vielen Lebensmitteln ist Fett enthalten. Wir können es nur nicht immer mit bloßem Auge erkennen. Wenn wir Öl oder Butter sehen, wissen wir sofort, dass es sich um Fett handelt. Man nennt solche Fette auch „sichtbare“ Fette. Fette in Lebensmitteln, die wir nicht auf den ersten Blick erkennen können, nennt man „versteckte“ Fette.
Damit wir uns nicht zu fettreich ernähren, ist es wichtig zu wissen, welche Lebensmittel „sichtbare“ oder „versteckte“ Fette enthalten.

Versuch 1: *Mit diesem Versuch kannst du „versteckte“ Fette in Lebensmitteln sichtbar machen.*

- *Teile ein Blatt Papier mit Lineal und Bleistift in 6 gleichgroße Teile.*
- *Schreibe in die Kästen die Namen der zu untersuchenden Proben.*
- *Zerdrücke mit dem Messer die Haselnuss und weiter daneben die Schokolade auf dem Frühstücksbrettchen.*
- *Lege/Tropfe nun die Proben in die Kästen auf dem Papier.*
- *Entferne nach einer Stunde die festen Proben vom Papier und halte das Papier gegen das Licht.*
- *Schreibe auf, was du beobachtest.*

____

Diesen Versuch nennt man Fettfleckprobe. Die Fettfleckprobe zeigt dir, in welchen Proben/Lebensmitteln Fett enthalten ist.

Aufgabe 1: *„Versteckte“ oder „sichtbare“ Fette? Worum handelt es sich bei den abgebildeten Lebensmitteln? Ordne zu.*

„sichtbare“ Fette	„versteckte“ Fette

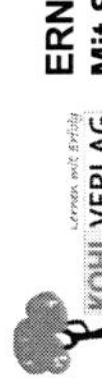

V. Eiweiß

Station 1 **Was ist Eiweiß?** Name:

Keine lebende Zelle im Tier- oder Pflanzenreich kommt ohne Eiweiß aus. Eiweiße werden deshalb auch Proteine (grch.: den ersten Platz einnehmen) genannt. Eiweiße bestehen aus Aminosäuren. Alle Aminosäuren sind aus den Elementen Kohlenstoff (C), Wasserstoff (H), Sauerstoff (O) und Stickstoff (N) aufgebaut. Einige Aminosäuren enthalten auch Schwefel (S).

Aufgabe 1: *Male das Eiweiß-Molekül farbig an: Verwende folgende Farben: Schwarz für Kohlenstoff, Rot für Wasserstoff, Blau für Sauerstoff und Braun für Stickstoff.*

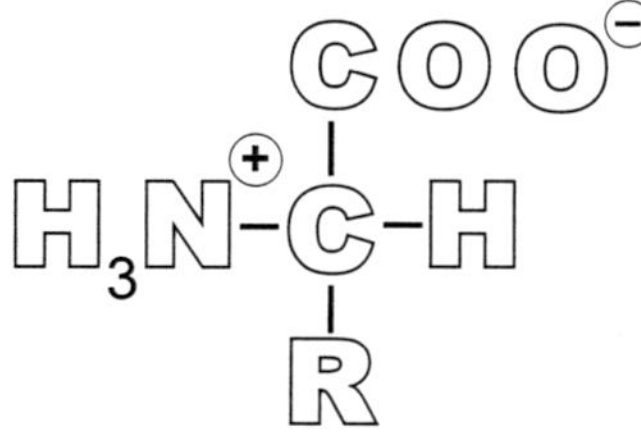

Allgemeiner Aufbau einer Aminosäure. R steht für Rest. Der Rest ist für jede Aminosäure unterschiedlich.

Es kommen 20 verschiedene Aminosäuren in der Natur als Bausteine von Eiweißen vor. Acht dieser Aminosäuren sind essentiell. Essentiell bedeutet, dass unser Körper diese Aminosäuren nicht selber bilden kann. Essentielle Aminosäuren müssen mit der Nahrung aufgenommen werden.
Eiweiße (Proteine) sind große Moleküle, die aus mehr als 100 Aminosäuren bestehen. Die einzelnen Aminosäuren sind dabei miteinander verbunden.

Aminosäure_1 — Aminosäure_2 — $\text{Aminosäure}_{...}$ — Aminosäure_{150}

Aufgabe 2: *Du erhältst die Lösungen, wenn du die Silben richtig zusammensetzt.*

Ami – Ami – Ei – er – Es – fel – Koh – le – len – no – no – ren – ren – Sau – säu – säu – Schwe – sen – ser – Stick – stoff – stoff – stoff – stoff – tiel – Was – weiß

1. Daraus bestehen Proteine: ______________________
2. Enthalten einige Aminosäuren: ______________________
3. Braucht jede tierische und pflanzliche Zelle: ______________________
4. Elemente, aus denen Aminosäuren aufgebaut sind: ______________________

   ____
5. Aminosäuren, die unser Körper nicht selber bilden kann:

   ____

ERNÄHRUNGSLEHRE AN STATIONEN
Mit Spaß und Akion zur gesunden Ernährung – Bestell-Nr. 11 326
KOHL VERLAG

V. Eiweiß

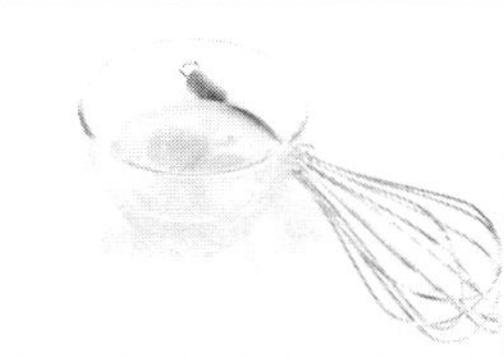

Station 2	Wer liefert uns Eiweiß?	Name:

Aufgabe 1: *Trage die Begriffe richtig ein. So bekommst du einen Überblick, wer uns Eiweiß für unsere Ernährung liefern kann.*

Brot – Brötchen – Fisch – Getreide – Hammel – Hirsch – Huhn – Wurst – Hülsenfrüchte – Käse – Kuchen – Kuh – Milch – Nüsse – Pflanzen – Ei – pflanzliche Produkte – Quark – Schwein – Tiere – tierische Produkte –

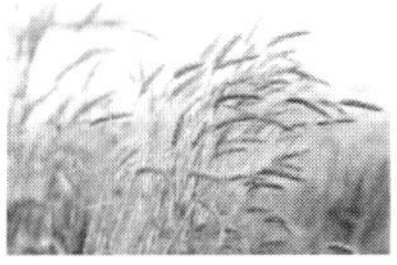

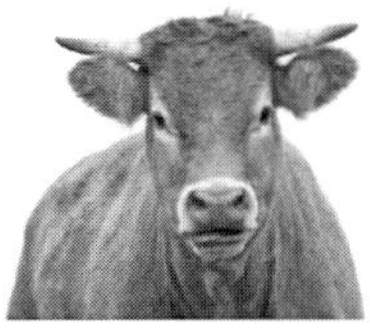

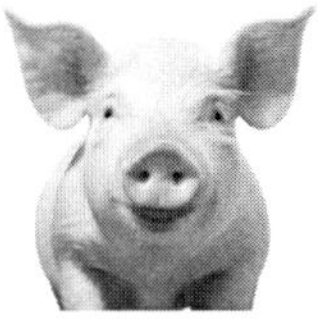

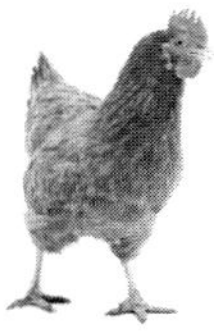

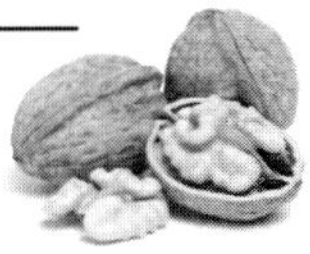

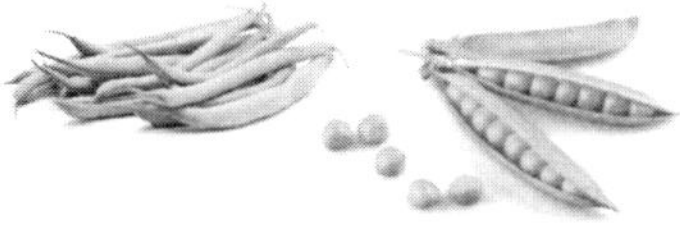

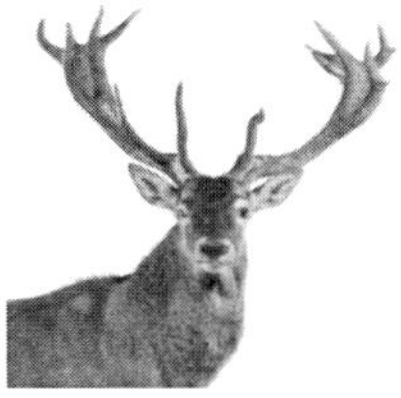

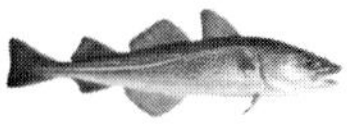

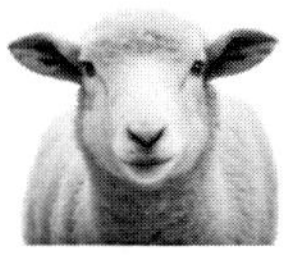

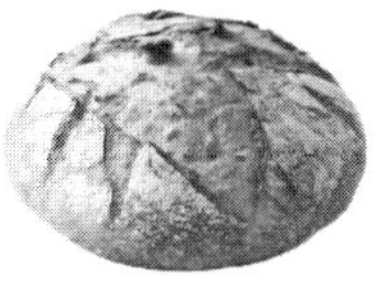

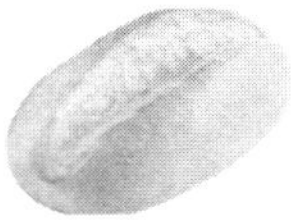

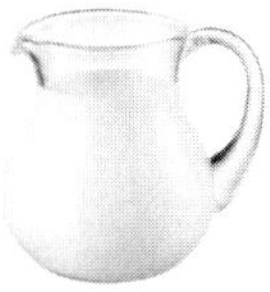

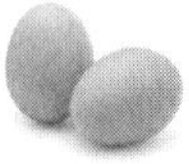

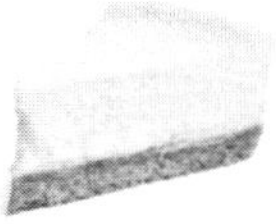

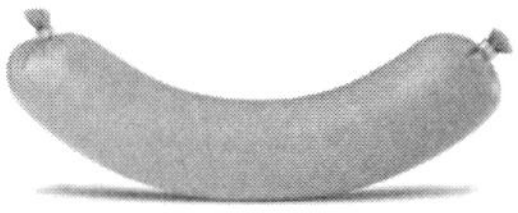

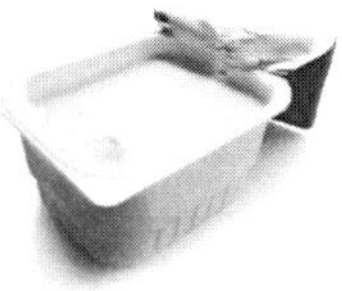

Aufgabe 2: *Welches pflanzliche Produkt enthält auch tierische Produkte? Welche tierischen Produkte könnten das sein?*

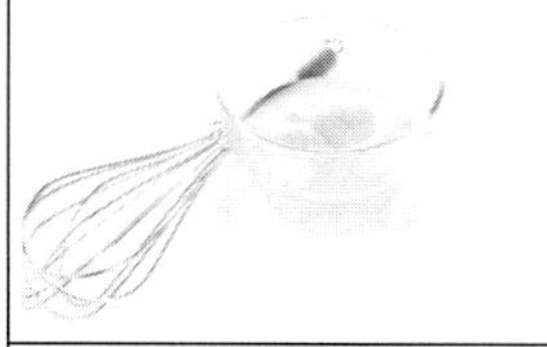

V. Eiweiß

Station 3	Wie viel Eiweiß liefern uns tierische und pflanzliche Lebensmittel?	Name:

Eiweiß muss täglich mit der Nahrung aufgenommen werden, da es von unserem Körper nicht gespeichert werden kann.
Viele verschiedene Lebensmittel liefern uns unterschiedliche Mengen Eiweiß.
Die folgende Tabelle zeigt dir, wie viel Gramm Eiweiß in 100 g von diesem Lebensmittel enthalten sind.

Lebensmittel	Eiweiß
Hering	**18 g**
Schweine-Hackfleisch	**17 g**
Brathähnchen	**27 g**
Vanille-Eiscreme	**3,5 g**

Lebensmittel	Eiweiß
Parmesan-Käse	**36 g**
Spinat	**3 g**
Vollkornmehl	**14 g**
Frische Bohnen, gekocht	**8 g**

<u>Aufgabe 1</u>: **a)** *Du kannst solche Angaben besser überblicken und miteinander vergleichen, wenn du sie als Säulendiagramm darstellst. Erstelle ein Säulendiagramm anhand der Angaben aus der Tabelle.*

Beachte dabei Folgendes:

- *Jede Säule soll 1 cm breit werden.*
- *1 g entspricht 1 mm.*
- *Schreibe das jeweilige Lebensmittel in die Säule.*

Eiweißgehalt in g / 100 g Lebensmittel

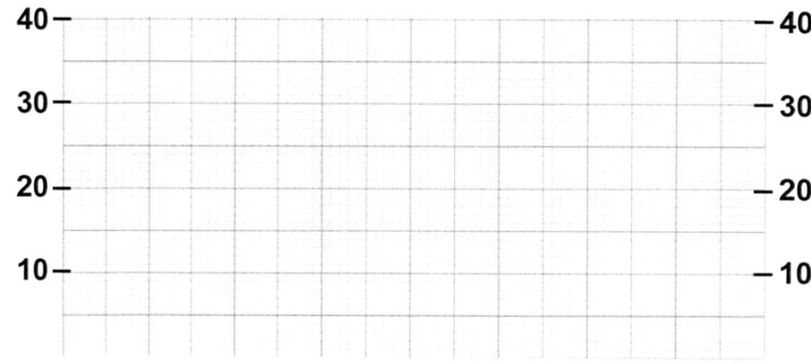

b) *Bringe die Lebensmittel aus Aufgabe* **a)** *in eine Reihenfolge. Beginne mit dem Lebensmittel, das von diesen Lebensmitteln den höchsten Eiweiß-Gehalt hat.*

____

____

____

ERNÄHRUNGSLEHRE AN STATIONEN
Mit Spaß und Akion zur gesunden Ernährung – Bestell-Nr. 11 326
KOHL VERLAG

V. Eiweiß

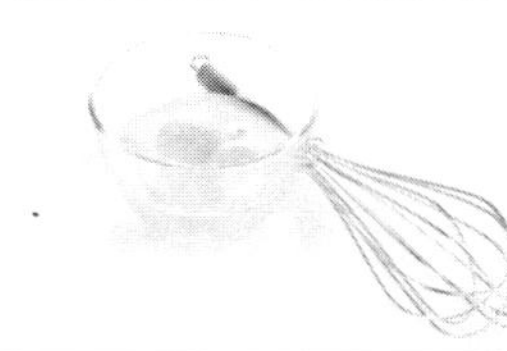

Station 4	Die Verwertbarkeit von Eiweiß durch den menschlichen Körper	Name:

Viele Lebensmittel liefern uns unterschiedliche Mengen Eiweiß. Unser Körper baut aus Lebensmittel-Eiweiß körpereigenes Eiweiß auf. Er kann das Lebensmittel-Eiweiß jedoch nicht vollständig nutzen. 100 g Schweinefleisch enthält 21 g Eiweiß. Davon kann unser Körper etwa 85 Prozent nutzen, um körpereigenes Eiweiß aufzubauen.
Aus 100 g Schweinefleisch kann unser Körper also 17,9 g Körpereiweiß aufbauen.

Aufgabe 1: **a)** *Berechne den Anteil des verwertbaren Eiweißes.*

➲ ***Beispielrechnung: 21 g : 100 % • 85 % = 17,9 g***

Lebensmittel	Eiweißgehalt je 100 g	verwertbar bis	Anteil verwertbares Eiweiß
Rindfleisch	18 g	80 %	
Kuhmilch	3,5 g	72 %	
Kartoffeln	2 g	76 %	
Reis (gekocht)	2,6 g	66 %	
Weizenmehl (82 % Ausmahlung)	11 g	47 %	
Käse (Edamer)	25 g	68 %	
Hühnerei	13 g	100 %	

Eiweißgehalt je 100 g Lebensmittel / Anteil verwertbares Eiweiß

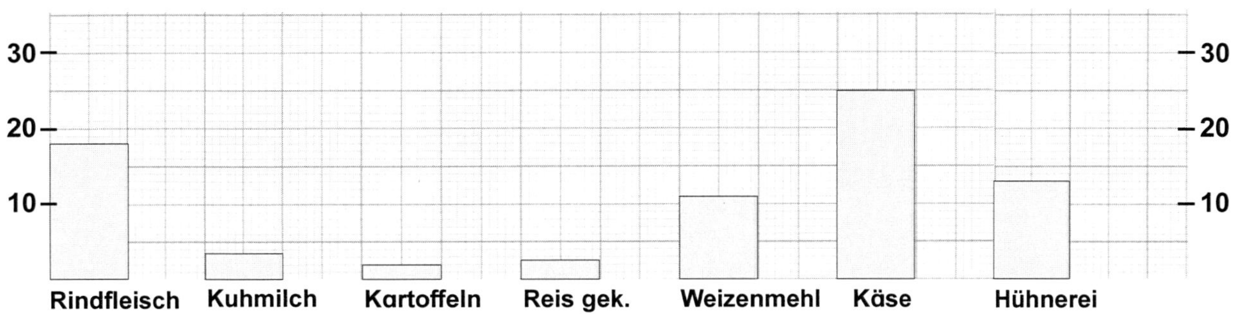

b) *Erweitere das Säulendiagramm, indem du neben die Säulen zum Eiweißgehalt der verschiedenen Lebensmittel Säulen einzeichnest, die den Anteil des verwertbaren Eiweißes darstellen.*

V. Eiweiß

Station 5	Die Bedeutung von Eiweiß (Protein) für den Menschen	Name:

Aufgabe 1: **a)** *Welche Bedeutung Eiweiß (Protein) für uns Menschen hat, erfährst du, wenn du die Satzteile richtig miteinander verbindest.*

1. Das größte Welternährungsproblem besteht darin,

2. Das ist vor allem ein Problem

a) und müssen neu aufgebaut werden.

b) so sind sie wenig widerstandsfähig gegen Infektionskrankheiten, und ihre körperliche und geistige Leistungsfähigkeit ist herabgesetzt.

3. Wir brauchen Eiweiß hauptsächlich zum

c) wird unser Körper zu mehr als 90 % erneuert.

4. Aber auch wenn das Körperwachstum

d) alle Menschen ausreichend mit hochwertigem Eiweiß zu versorgen.

5. Hornhaut, Nägel, Haare usw. „verschleißen" regelmäßig

e) abgeschlossen ist, brauchen wir Eiweiß.

6. Im Laufe eines Jahres

f) in den Entwichlungsländern.

7. Leiden Menschen unter Eiweißmangel,

g) Aufbau von körpereigenem Eiweiß.

b) *Bringe die Sätze aus Aufgabe* **a)** *in eine sinnvolle Reihenfolge und schreibe sie in dein Heft. So erhältst du einen eigenen Informationstext darüber, warum Eiweiß (Protein) für uns Menschen so wichtig ist.*

ERNÄHRUNGSLEHRE AN STATIONEN
Mit Spaß und Akion zur gesunden Ernährung – Bestell-Nr. 11 326

V. Eiweiß

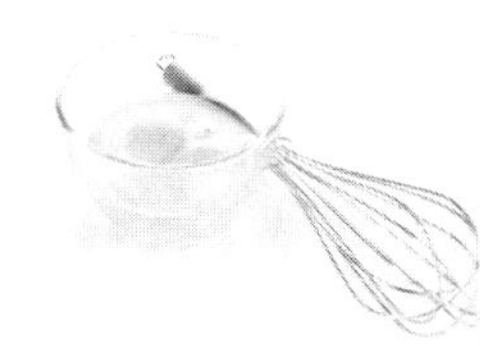

Station 6	Die Biologische Wertigkeit	Name:

Tierisches Eiweiß aus Fleisch, Milch, Käse oder Eiern ist unserem menschlichen Eiweiß sehr ähnlich. Wir können deshalb tierisches Eiweiß besser verwerten (aus tierischem Eiweiß körpereigenes Eiweiß aufbauen) als pflanzliches Eiweiß. Tierisches Eiweiß besitzt für uns eine höhere biologische Wertigkeit als pflanzliches Eiweiß. Kombiniert man bestimmte Lebensmittel miteinander, so haben sie eine noch höhere biologische Wertigkeit als nur tierisches Eiweiß.

 **Tierisches und pflanzliches Eiweiß sollten sich bei den Mahlzeiten ergänzen.**

Aufgabe 1: **a)** *Schreibe neben die Bilder, welche Eiweißarten (tierisch und/oder pflanzlich) bei den Gerichten vorkommen.*

b) *Ordne den Abbildungen den richtigen Text zu.*

- *Dieses Gericht hat eine hohe biologische Wertigkeit, weil sich tierisches und pflanzliches Eiweiß ergänzen.* **(A)**
- *Dieses Gericht hat keine sehr hohe biologische Wertigkeit. Es enthält nur pflanzliches Eiweiß.* **(B)**

	Eiweißarten / biologische Wertigkeit
Fisch mit Kartoffeln	
Salatteller mit Brötchen, ohne Fleisch	
Gemüseeintopf mit Wurst- / Fleischeinlage	
Spiegelei mit Kartoffelbrei	

KOHL VERLAG ERNÄHRUNGSLEHRE AN STATIONEN Mit Spaß und Akion zur gesunden Ernährung – Bestell-Nr. 11 326

Station 7 | **Limitierende Aminosäuren** | Name:

„Wir brauchen für den Muskelaufbau fünf Proteine aus Glycin – Lysin –Valin – Asparagin ...“

In der Natur kommen 20 verschiedene Aminosäuren als Bausteine von Eiweißen (Proteinen) vor. Acht von diesen Aminosäuren sind für uns Menschen essentiell. Das heißt, unser Körper kann diese Aminosäuren nicht selber bilden. Diese Aminosäuren müssen mit der Nahrung zugeführt werden. Essentielle Aminosäuren können auch zu limitierenden (lat.: begrenzen) Aminosäuren werden.

„Tut uns leid, wir können nur drei Proteine in dieser Zusammensetzung liefern. Wir haben zu wenig von der Aminosäure Lysin.“

Limitierende Aminosäuren liegen im Minimum vor. Es kann im menschlichen Körper nur so lange das benötigte Eiweiß in einer bestimmten Zusammenstellung aufgebaut werden, solange genau diese Aminosäure verfügbar ist. Beispiele für solche limitierenden Aminosäuren sind die Aminosäure Lysin in Getreide, die Aminosäure Tryptophan in Mais oder die Aminosäure Methionin in Hülsenfrüchten.

Aufgabe 1: *Würde es ausreichen, jeden Tag nur Brot zu essen? Schließlich ist in Getreide die limitierende Aminosäure Lysin enthalten. Würden wir bei dieser Form der Ernährung gesund und leistungsfähig bleiben? Begründe deine Antwort.*

____

____

____

Aufgabe 2: *Unterstreiche die richtigen Aussagen:*

1. Es gibt acht Aminosäuren, die für den Menschen essentiell sind.
2. Essentiell bedeutet, dass der menschliche Körper diese Aminosäuren selber bilden kann.
3. Methionin kommt in Hülsenfrüchten vor und ist eine Aminosäure.
4. Essentiell bedeutet, dass der menschliche Körper diese Aminosäuren nicht selber bilden kann. Diese Aminosäuren müssen mit der Nahrung aufgenommen werden.
5. Mais enthält keine limitierende Aminosäure.

ERNÄHRUNGSLEHRE AN STATIONEN
Mit Spaß und Akion zur gesunden Ernährung – Bestell-Nr. 11 326

V. Eiweiß

Station 8	Die Verdauung von Eiweiß	Name:

Die tatsächliche Eiweiß-Verdauung beginnt im Magen.
In Zellen der Magenwand wird Salzsäure und Pepsinogen gebildet. Pepsinogen ist die Vorstufe von Pepsin. Pepsin ist ein Verdauungsstoff, der für die Eiweiß-Verdauung gebraucht wird. Salzsäure lässt das Eiweiß aus der Nahrung gerinnen. Es kann so besser verdaut werden. Salzsäure bewirkt auch, dass aus Pepsinogen aktives Pepsin wird. Pepsin spaltet die aus einigen Hundert bis Tausend Aminosäuren bestehenden Eiweiße zu Peptiden. Peptide sind nur noch aus wenigen Aminosäuren aufgebaut.
Im Zwölffingerdarm und im weiteren Dünndarm wirken Verdauungsstoffe, die in der Bauchspeicheldrüse und in Zellen der Dünndarmwand gebildet werden.
Diese Verdauungsstoffe bauen Eiweiße zu Peptiden und Peptide zu Aminosäuren ab. Die Aminosäuren werden dann über die Dünndarmschleimhaut ins Blut aufgenommen.

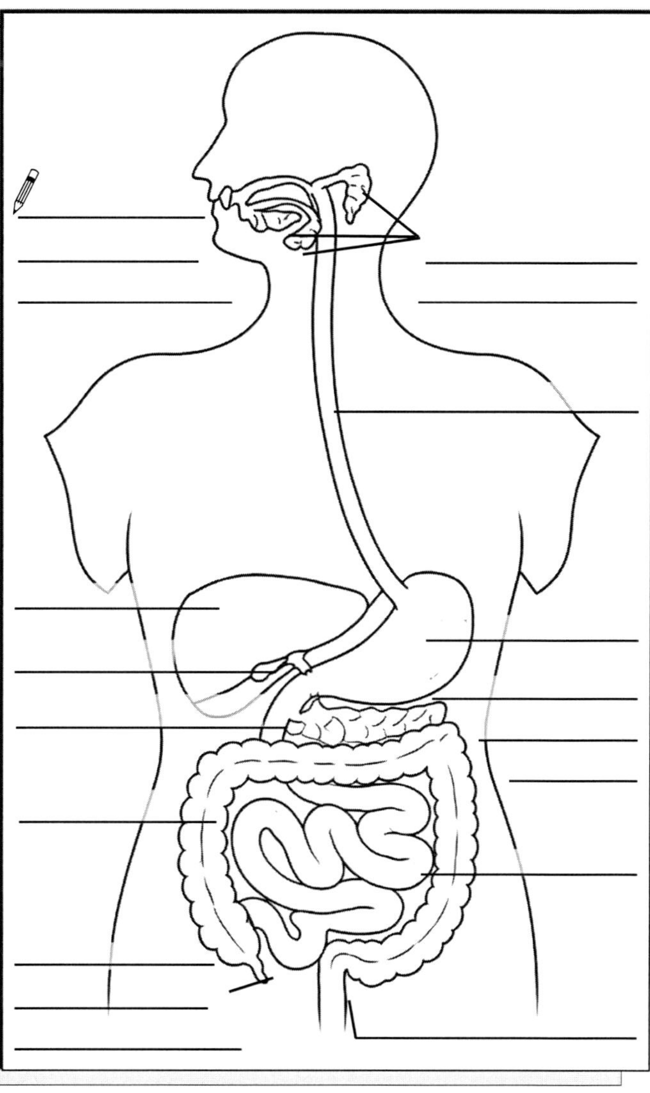

Aufgabe 1: **a)** *Beschrifte die Abbildung vom Verdauungstrakt des Menschen:*

Mund mit Zähnen und Zunge – Mundspeicheldrüsen – Speiseröhre – Magen – Bauchspeicheldrüse – Leber – Gallenblase – Zwölffingerdarm – Dünndarm – Dickdarm – Blinddarm mit Wurmfortsatz – Mastdarm

b) *Welche Organe sind an der Verdauung der Eiweiße beteiligt?*

c) *Male die Organe, die an der Verdauung der Eiweiße beteiligt sind, in der Abbildung an. Verwende dabei folgende Farben: Gelb für Mund mit Zähnen und Zunge, Mundspeicheldrüsen und Bauchspeicheldrüse; Rot für Speiseröhre, Magen, Zwölffingerdarm und Dünndarm; Braun für die Leber; Grün für Gallenblase, Dickdarm, Blinddarm mit Wurmfortsatz und Mastdarm.*

d) *Beschreibe, was in den Organen während der Eiweiß-Verdauung passiert.*
Beispiel Magen: *Salzsäure und Pepsinogen werden gebildet, Salzsäure lässt ...*

ERNÄHRUNGSLEHRE AN STATIONEN
Mit Spaß und Akion zur gesunden Ernährung – Bestell-Nr. 11 326

V. Eiweiß

Station 9	Der Weg des Eiweißes	Name:

Wir müssen Eiweißstoffe mit der Nahrung aufnehmen, weil …
- ➲ unser Körper nicht alle Bausteine (Aminosäuren) für diese Eiweißstoffe bilden kann.
- ➲ unser Körper Eiweißstoffe nicht speichern kann.

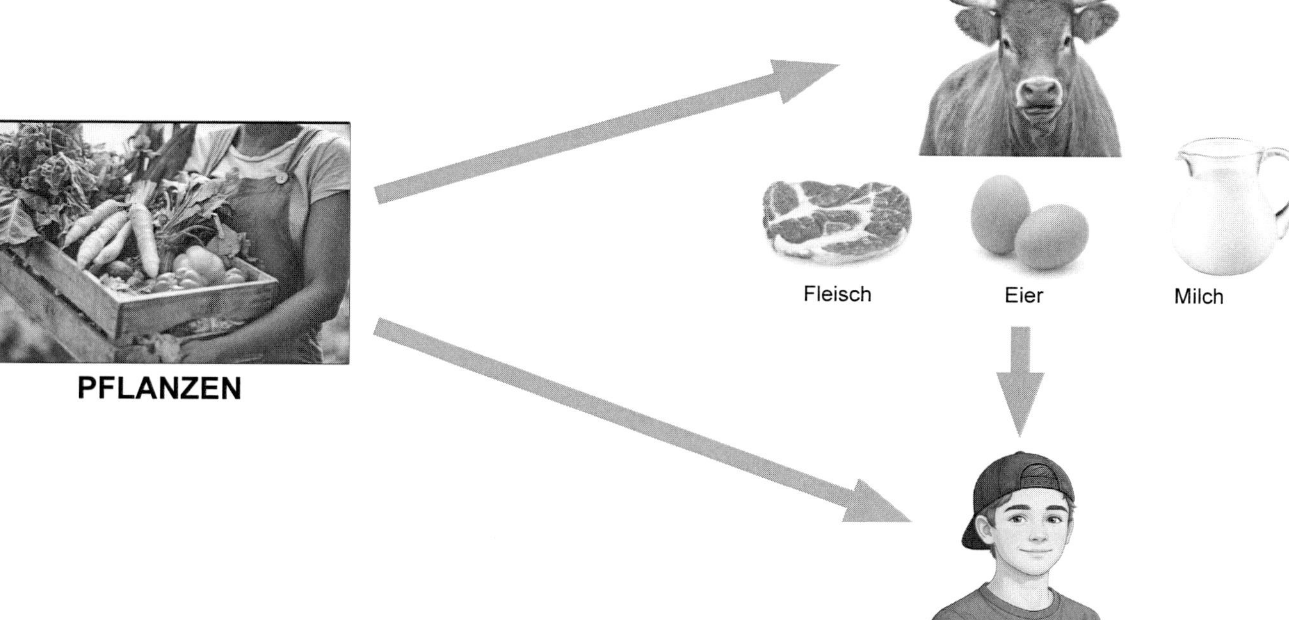

Aufgabe 1: *Die Darstellung zeigt, welche Lebewesen uns die Eiweißstoffe liefern. Schreibe die Buchstaben der folgenden Sätze an die richtigen Stellen in der Darstellung:*

- ➲ **(A)** *Die Pflanze nimmt mit ihren Wurzeln u. a. Stickstoff auf. Die Pflanze baut durch verschiedene chemische Vorgänge den Stickstoff in Eiweiß um, das sie für ihr Wachstum braucht.*
- ➲ **(B)** *Wir Menschen nehmen mit unserer Nahrung pflanzliches und tierisches Eiweiß auf. Daraus bilden wir wiederum unser körpereigenes Eiweiß.*
- ➲ **(C)** *Pflanzenfresser wie Rinder, Schweine und Geflügel nehmen das pflanzliche Eiweiß auf und bauen es zu körpereigenem Eiweiß um.*

Aufgabe 2: *Beantworte die folgenden Fragen in ganzen Sätzen. Schreibe ins Heft.*

a) *Womit nehmen wir Menschen tierisches und pflanzliches Eiweiß auf?*

b) *Wozu braucht die Pflanze Eiweiß?*

c) *Wie und woraus können Pflanzenfresser körpereigenes Eiweiß bilden?*

d) *Warum müssen wir Eiweiß mit der Nahrung aufnehmen?*

ERNÄHRUNGSLEHRE AN STATIONEN
Mit Spaß und Akion zur gesunden Ernährung – Bestell-Nr. 11 326
KOHL VERLAG

V. Eiweiß

Station 10	Der Eiweißbedarf	Name:

➲ Eiweiß kann nicht von unserem Körper gespeichert werden. Es muss deshalb täglich mit der Nahrung aufgenommen werden.
Für einen gesunden Erwachsenen wird in vielen Ländern heute eine tägliche Eiweißzufuhr von **0,8 g je Kilogramm Körpergewicht** empfohlen.

Für Säuglinge und Kinder gelten andere Empfehlungen:

Säuglinge	0 bis 1 Monat	2,7 g/kg/Tag
	2 bis 4 Monate	1,5 g/kg/Tag
	6 bis 12 Monate	1,1 g/kg/Tag
Kinder	1 bis 4 Jahre	1,0 g/kg/Tag
	4 bis 15 Jahre	0,9 g/kg/Tag

Aufgabe 1: *Wie viel Eiweiß sollten die Personen in der folgenden Tabelle täglich mit der Nahrung aufnehmen? Fülle die Tabelle aus.*

Person	Herr G., 85 kg	Lena, 6 Jahre, 21 kg	Marvin, 8 Monate, 7 kg
Empfehlung für die tägliche Eiweißzufuhr je Kilogramm Körpergewicht			
Berechnete, empfohlene tägliche Eiweiß-aufnahme			

Aufgabe 2: *Warum sollen Säuglinge und Kinder täglich mehr Eiweiß aufnehmen als Erwachsene? Suche mögliche Begründungen.*

___

___

___

___

ERNÄHRUNGSLEHRE AN STATIONEN
Mit Spaß und Akion zur gesunden Ernährung – Bestell-Nr. 11 326

VI. Wasser und Ballaststoffe

Station 1	Warum müssen wir trinken?	Name:

Aufgabe 1: *Vervollständige den Lückentext mit den folgenden Begriffen.*

Atmen – ausgeschieden – Blutes – Haut – Körpertemperatur – Menge – Nahrung – Nährstoffe – Schwitzen – Speisebreies – 11 Tage – Verdunsten – Vitamine – Wasser – wasserlöslich – Zucker

Kein Mensch kann länger als ______________ völlig ohne ______________ leben. Wir können Wasser nicht in größerer ______________ speichern. Deshalb müssen wir es unserem Körper zuführen. Wir brauchen Wasser für die Regulation der ______________. Durch ______________ von Wasser auf der ______________ reguliert unser Körper seine Temperatur. Wasser ist wichtig für die Nierentätigkeit und Fließfähigkeit des ______________. Aber auch für die Quellung und Fortbewegung des ______________ im Darm ist Wasser notwendig. Viele ______________ aus unserer Nahrung sind ______________. Dazu gehören u. a. Salz, ______________ und wasserlösliche ______________ wie Vitamin C. Wasser löst die Nährstoffe aus der ______________ und transportiert sie über das Blut in die Organe und Körperzellen. Stoffwechselprodukte, die beim Stoffwechsel anfallen, und die unser Körper nicht mehr benötigt, werden mit dem Wasser bzw. Harn über die Nieren ______________. Wir müssen regelmäßig Flüssigkeit trinken, weil unser Körper täglich Wasser über den Harn, den Stuhl, die Lungen beim ______________ und die Haut beim ______________ verliert.

Aufgabe 2: *Unterstreiche die richtigen Aussagen:*

1. Salz und Zucker sind fettlöslich.
2. Wir brauchen Wasser für die Regulation der Körpertemperatur.
3. Alle Nährstoffe aus unserer Nahrung sind wasserlöslich.
4. Es gibt wasserlösliche Vitamine.
5. Kein Mensch kann länger als 11 Tage völlig ohne Wasser leben.
6. Für die Fortbewegung und Quellung des Speisebreies im Darm ist Wasser notwendig.
7. Unser Körper kann Wasser in größeren Mengen speichern.

ERNÄHRUNGSLEHRE AN STATIONEN
Mit Spaß und Akion zur gesunden Ernährung – Bestell-Nr. 11 326

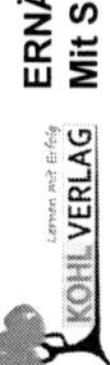

VI. Wasser und Ballaststoffe

Station 2	Der Wassergehalt von Lebensmitteln	Name:

Wasser, das wir unserem Körper zuführen, ist nicht nur in Getränken, sondern auch in flüssigen und festen Lebensmitteln enthalten.
Der Wassergehalt ist in den verschiedenen Lebensmitteln sehr unterschiedlich.

<u>Aufgabe 1</u>: *Sieh dir die folgende Darstellung an. Schreibe die ungefähre Prozentzahl für den Wassergehalt unter die Lebensmittel. Bringe die Lebensmittel dann in eine Reihenfolge. Beginne mit dem Lebensmittel, das den größten Wassergehalt hat. Die Kontrollbuchstaben ergeben, von oben nach unten gelesen, ein Wort, das dir verrät, ob deine Zuordnung stimmt.*

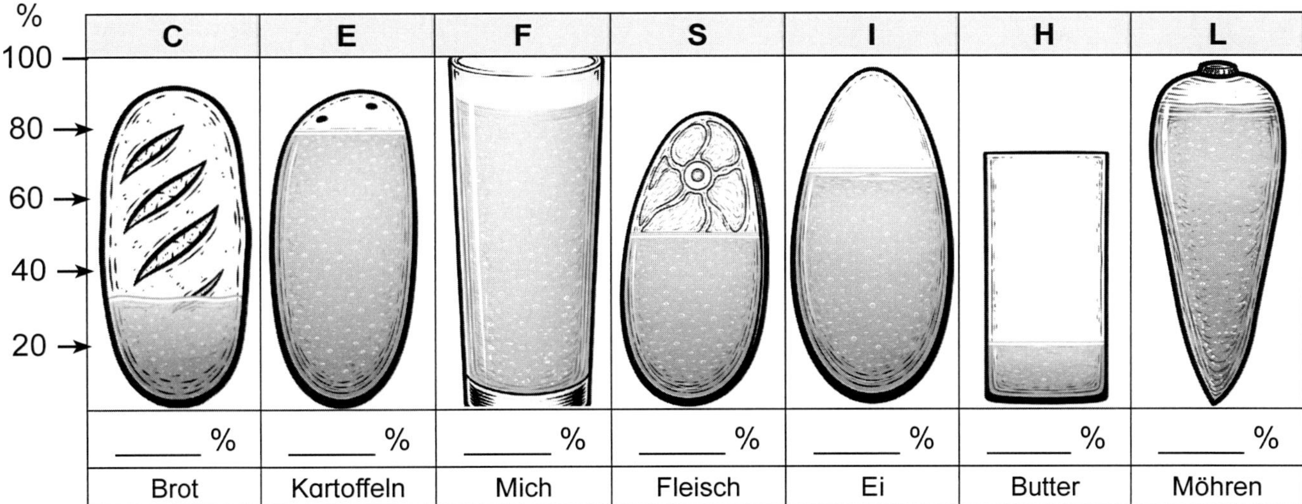

C	E	F	S	I	H	L
____ %	____ %	____ %	____ %	____ %	____ %	____ %
Brot	Kartoffeln	Mich	Fleisch	Ei	Butter	Möhren

1. ______________________ F
2. ______________________ L
3. ______________________ E
4. ______________________ I
5. ______________________ S
6. ______________________ C
7. ______________________ H

VI. Wasser und Ballaststoffe

Station 3	Was und wie viel sollen wir trinken?	Name:

Ein Erwachsener benötigt täglich ungefähr 25–30 ml Wasser pro Kilogramm Körpergewicht. Kinder und Säuglinge brauchen, bezogen auf ihr Körpergewicht, die doppelte bis sechsfache Menge an Flüssigkeit. Je jünger ein Kind ist, desto mehr Flüssigkeit braucht es.
Geeignete Durstlöscher sind Leitungswasser, Mineralwasser, ungesüßte Früchte- und Kräutertees, mit Wasser verdünnte Obst- und Gemüsesäfte. Limonaden, Cola-Getränke, fertige Teegetränke und Fruchtsaftgetränke enthalten relativ viel Zucker. Sie eignen sich deshalb nicht als Durstlöscher.

Aufgabe 1: **a)** *Berechne, wie viel Flüssigkeit ein 70 kg schwerer Erwachsener täglich benötigt.*

____

b) *Berechne deinen Bedarf an Flüssigkeit. Nutze zur Berechnung die Angaben für einen Erwachsenen.*

____

➲ Am Tag solltest du etwa 1 bis 1½ Liter Flüssigkeit trinken.
Wenn du Sport treibst, solltest du sogar bis zu 3 Liter trinken.

Aufgabe 2: *David hat Fußball gespielt. Er hat Durst und trinkt ½ l Limonade. Wie denkst du darüber? Begründe deine Antwort.*

____

____

Aufgabe 3: *Unterstreiche die richtigen Aussagen:*

1. Cola-Getränke und Limonaden eignen sich als Durstlöscher.
2. Wenn du Sport treibst, brauchst du auch mehr Flüssigkeit.
3. Kinder und Säuglinge brauchen mehr Flüssigkeit als Erwachsene.
4. Mit Wasser verdünnte Obst- und Gemüsesäfte sind geeignete Durstlöscher.
5. Ein Erwachsener benötigt pro Tag ungefähr 10 ml Wasser pro Kilogramm Körpergewicht.
6. Ungeeignete Durstlöscher sind Leitungswasser und Mineralwasser.

ERNÄHRUNGSLEHRE AN STATIONEN
Mit Spaß und Akion zur gesunden Ernährung – Bestell-Nr. 11 326

Station 4	Der Wassergehalt des menschlichen Körpers	Name:

Für den Wassergehalt des menschlichen Körpers wird ein Durchschnittswert von 60 % des Körpergewichts angegeben. Der Wassergehalt unseres Körpers ist jedoch auch abhängig von Alter und Geschlecht, wie dir die Beispiele in der Tabelle zeigen. Der Wassergehalt ist außerdem umgekehrt proportional zum Fettgehalt des menschlichen Körpers. Bei gleicher Körpermasse ist der Wassergehalt eines übergewichtigen Menschen niedriger als der Wassergehalt eines normalgewichtigen Menschen.

Aufgabe 1: *Aus wie viel Wasser besteht ein 70 kg schwerer Mensch? Gehe bei der Berechnung vom Durchschnittswert für den Wassergehalt des menschlichen Körpers aus.*

Alter	Wassergehalt [%]
Neugeborenes	78
Kind (2-12 Jahre)	62
Jugendliche (18 Jahre)	
männlich	65
weiblich	54
Erwachsene (65 Jahre)	
männlich	53
weiblich	47

Aufgabe 2:

Trage den Wassergehalt in Abhängigkeit von Alter und Geschlecht in das Diagramm ein.
Verbinde dann die Punkte zu Linien miteinander.
Verwende Rot für die weiblichen und Blau für die männlichen Personen.

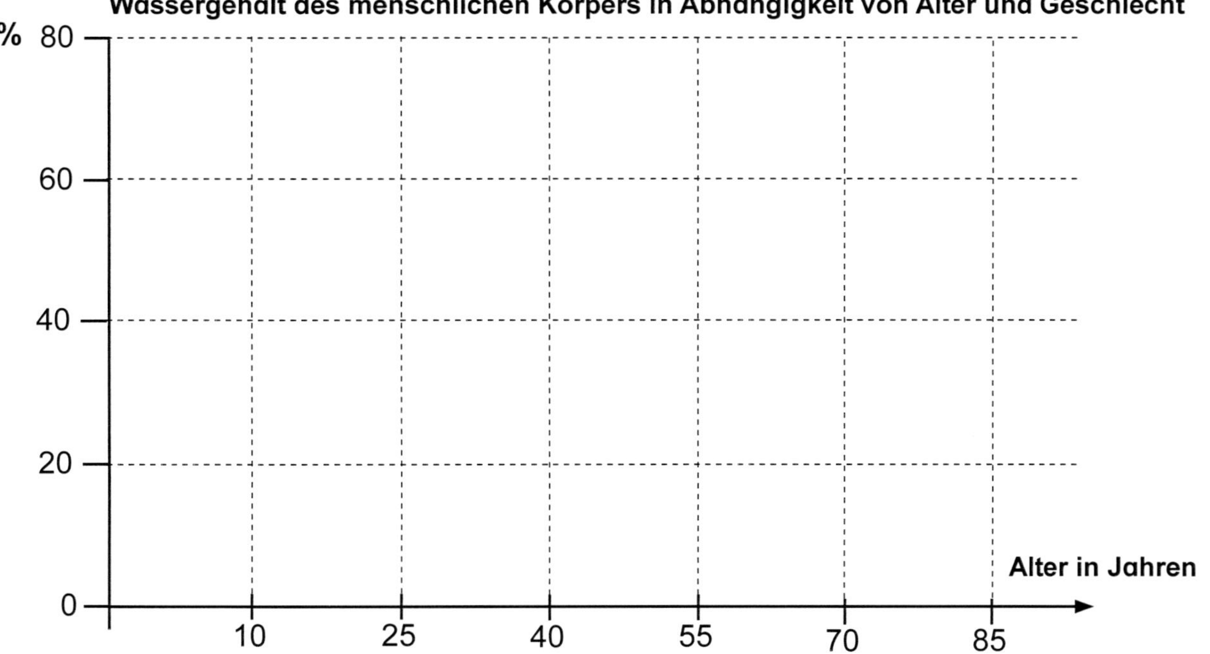

ERNÄHRUNGSLEHRE AN STATIONEN Mit Spaß und Akion zur gesunden Ernährung – Bestell-Nr. 11 326
KOHL VERLAG

VI. Wasser und Ballaststoffe

Station 5	Die Wasserbilanz	Name:

Aufgabe 1: *Lies den Informationstext zur Wasserbilanz durch. Vervollständige dann die Abbildung mit Begriffen aus dem Text.*

Zwischen der Aufnahme von Flüssigkeit und der Abgabe von Flüssigkeit besteht unter normalen Umständen ein Gleichgewicht.
Wir nehmen täglich Wasser mit der Nahrung und mit Getränken auf.
Wir scheiden täglich Wasser mit dem Urin und mit dem Stuhl aus. Wasser wird auch über die Haut ausgeschieden, wenn wir schwitzen und über die Lungen, wenn wir ausatmen.
Ist die Zufuhr von Flüssigkeit zu niedrig, bekommen wir Durst. Ist die Zufuhr von Flüssigkeit zu hoch, erhöht sich die Ausscheidung von Urin.

ca. 2,5 l/Tag | **ca. 2,5 l/Tag**

Wasseraufnahme = Wasserabgabe

Wasseraufnahme
- ➲ **mit der** ____________
- ➲ **mit** ____________

Wasserabgabe
- ➲ **mit dem** ____________
- ➲ **mit der** ____________ **und der** ____________
- ➲ **als** ____________

Wasser-mangel — **erhöht** → ____________

Wasser-überschuss — **erhöht** → ____________

VI. Wasser und Ballaststoffe

Station 6	Was sind Ballaststoffe?	Name:

Aufgabe 1: *Schreibt in Stichworten auf, was euch zu dem Begriff „Ballaststoffe“ einfällt.*

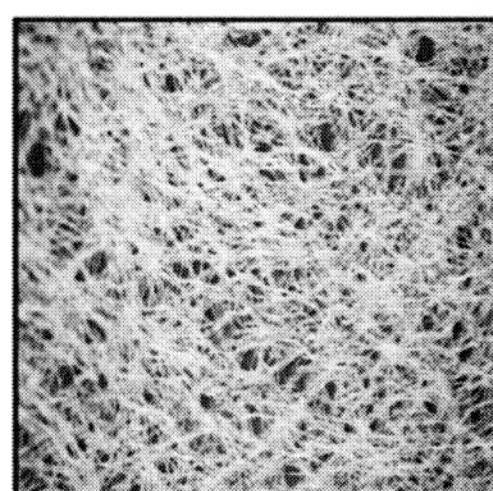

Ballaststoffe sind unverdauliche Pflanzenbestandteile.
Diese pflanzlichen Bestandteile unserer Nahrung können bei der Verdauung nicht aufgespalten und nicht ins Blut aufgenommen werden.
Es gibt verschiedene Ballaststoffe, die in unserer Ernährung eine Rolle spielen, die hier aber nicht behandelt werden.

Aufgabe 2: *Im folgenden Text erfährst du einiges über die Cellulose (auch Zellulose), einem Ballaststoff. Ergänze dazu den Lückentext.*

Ballast – Ballaststoffe – Cellulose – Cellulose – Nahrung – Nahrungsbestandteil – pflanzliche – Wasser – Zellwände

Jede Pflanzenzelle hat ____________________. Diese Zellwände bestehen aus einem Stoff, der ____________________ heißt.
Verzehren wir ____________________ Lebensmittel, so nehmen wir auch ____________________ auf. Früher hielt man die Cellulose für einen ______________________________, der unnötig ist, für ____________________, eine zusätzliche Fracht von geringem Wert. Daher kommt der Begriff ____________________. Cellulose ist in ____________________ nicht löslich.
Sie ist ein unverdaulicher Bestandteil unserer (pflanzlichen) ____________________.
Die Cellulose dient als Ballaststoff.

EA

Aufgabe 3: *Kreise die Lebensmittel ein, die Ballaststoffe enthalten und schreibe sie auf.*

Pflanzen
Margarine

____

KOHL VERLAG ERNÄHRUNGSLEHRE AN STATIONEN Mit Spaß und Akion zur gesunden Ernährung – Bestell-Nr. 11 326

VI. Wasser und Ballaststoffe

Station 7	Ballaststoffreiche Lebensmittel	Name:

Aufgabe 1: **a)** *Die folgende Tabelle gibt den durchschnittlichen Ballaststoffgehalt einiger Lebensmittel an. Erstelle ein Säulendiagramm, um die Ballaststoffgehalte dieser Lebensmittel miteinander zu vergleichen.*

Beachte dabei Folgendes:
- ➲ *Jede Säule soll 1 cm breit werden.*
- ➲ *1 g entspricht 1 mm.*
- ➲ *Schreibe das jeweilige Lebensmittel in die Säule.*
- ➲ *Beginne mit dem Lebensmittel mit dem höchsten Ballaststoffgehalt.*

Lebensmittel (g/100 g essbarer Anteil)	Ballaststoffgehalt
Kartoffeln	7
Möhren/Karotten	12
Erbsen	12
Bohnen	15
Äpfel	10
Blumenkohl	26
Pflaumen	7

b) *Bringe die Lebensmittel aus Aufgabe* **a)** *in eine Reihenfolge. Beginne mit dem Lebensmittel, das den höchsten Ballaststoff-Gehalt hat.*

____

____

____

ERNÄHRUNGSLEHRE AN STATIONEN
Mit Spaß und Akion zur gesunden Ernährung – Bestell-Nr. 11 326

VI. Wasser und Ballaststoffe

Station 8	Empfehlungen für die Zufuhr von Ballaststoffen	Name:

Die Deutsche Gesellschaft für Ernährung (DGE) nennt für die tägliche Ballaststoffzufuhr einen Richtwert von mindestens 30 g Ballaststoffen pro Tag. Diese Menge an Ballaststoffen ist notwendig für eine normale Darmfunktion (keine Verstopfung).

Was soll ich denn nun essen, um auf diese Menge Ballaststoffe zu kommen?

Vier Scheiben Vollkornbrot enthalten bereits 15 g Getreideballaststoffe. Die noch fehlende Ballaststoffmenge kommt aus Obst, Gemüse, Hülsenfrüchten, Kartoffeln, Nüssen und Trockenobst.

Aufgabe 1: *In der folgenden Tabelle findest du die Ballaststoffgehalte verschiedener Lebensmittel. Mache drei verschiedene Vorschläge, mit denen die empfohlenen 30 g Ballaststoffe pro Tag ungefähr erreicht werden können.*

Lebensmittel	**Ballaststoffgehalt (g/100 g Lebensmittel)**	**Lebensmittel**	**Ballaststoffgehalt (g/100 g Lebensmittel)**
Erbsen (gekocht)	5,5	Himbeeren	6,8
frische Bohnen (gekocht)	5,4	Orange	2,5
Kartoffel (gekocht)	1,8	Vollkornbrot	6,4
Kohlrabi	3,6	Roggenbrot	5,8
Spinat	2,7	Vollkornspaghetti (gekocht)	4,5
Apfel	2,7	Linsen (gekocht)	7,9

Beispiel	*Vorschlag 1*	*Vorschlag 2*	*Vorschlag 3*
100 g Erbsen (gekocht)			
200 g Vollkornbrot			
100 g Himbeeren			
200 g Orangen			
...			

ERNÄHRUNGSLEHRE AN STATIONEN
Mit Spaß und Akion zur gesunden Ernährung – Bestell-Nr. 11 326
KOHL VERLAG

VI. Wasser und Ballaststoffe

Station 9	**Die Bedeutung der Ballaststoffe für den Menschen**	Name:

Du hast sicherlich schon einmal gehört oder gelesen, dass Ballaststoffe sehr wichtig für unsere Verdauung sind. Nur warum ist das so, warum sind Ballaststoffe wichtig für uns?

Aufgabe 1: *Auf dieser Seite stehen einige Aussagen über die Ballaststoffe, die Sinn machen. Einige dieser Aussagen machen allerdings keinen Sinn oder sind falsch. Lies die Aussagen sorgfältig und unterstreiche die richtigen Aussagen.*
Stelle die richtigen Aussagen dann zu einem kurzen Text in sinnvoller Reihenfolge zusammen. So lernst du einiges über die Bedeutung der Ballaststoffe für uns Menschen. Schreibe in dein Heft.

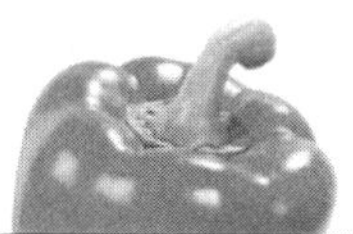

- In den Industrieländern ernähren sich die Menschen nicht mehr wie vor 100 Jahren.
- Da Ballaststoffe sehr schwer sind, sind sie richtig gefährlich für uns.
- Ballaststoffe binden Wasser, der Speisebrei quillt auf und regt den Darm so zu mehr Bewegung an.
- Ballaststoffe sorgen so für eine regelmäßige Darmentleerung.
- Ballaststoffe können so der weitverbreiteten Verstopfung vorbeugen.
- Die Menschen ernähren sich noch genau wie vor 100 Jahren.
- Der Verzehr wichtiger ballaststoffreicher Lebensmittel ging zurück.
- Gleichzeitig verzehrte man mehr ballaststofffreie Lebensmittel wie Eier, Fleisch, Alkohol und Zuckerhaltiges.
- Ballaststoffe haben keine Bedeutung für unsere Verdauung.
- Auch andere Darmerkrankungen treten bei regelmäßiger Zufuhr von Ballaststoffen seltener auf.
- Ballaststoffreiche Lebensmittel sind Vollkornbrot, rohes Obst und Gemüse, Nüsse, Trockenobst und Hülsenfrüchte.

ERNÄHRUNGSLEHRE AN STATIONEN
Mit Spaß und Akion zur gesunden Ernährung – Bestell-Nr. 11 326
KOHL VERLAG

VI. Wasser und Ballaststoffe

Station 10	Woran erkennen wir, in welchem Mehl Ballaststoffe enthalten sind?	Name:

Tom: „In Vollkornmehl sollen mehr Ballaststoffe enthalten sein als in weißem Mehl“.

Lisa: „Das kann schon sein. Aber woran erkenne ich das auf der Mehl-Packung?“

Aufgabe 1: **a)** *Um Lisas Frage beantworten zu können, gibt es noch einiges zu tun.*

Betrachte den hier abgebildeten Schnitt durch ein Getreidekorn. Male nun die Abbildung an. Verwende dazu folgende Farben: Rot für den Keimling, Gelb für den Mehlkörper, Grün für die Fruchtschale, Orange für die Samenschale und Blau für die Aleuronschicht.

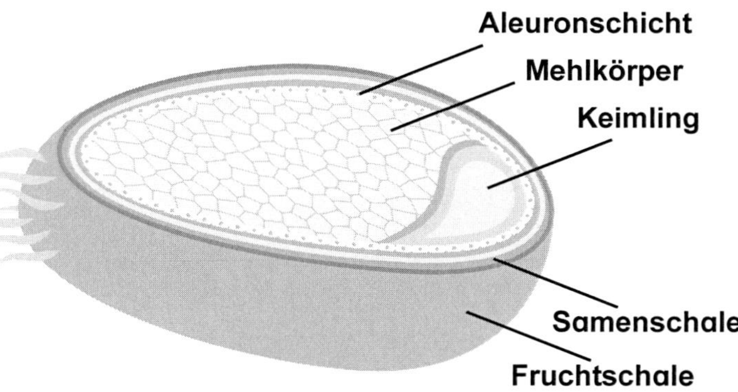

b) *Ergänze nun den Lückentext mit den folgenden Lückenwörtern.*

Aleuronschicht – Ausmahlungsgrad – Ballaststoff – Bestandteile – Mehltypennummer – Packung – Vollkornmehl – Weißmehl

Beim ____________________ wird das ganze Korn, nachdem es gereinigt wurde, verarbeitet.
Bei der Herstellung von ________________ gehen Keimling, ____________________ und Schalen und damit viele wertvolle ____________________ des Korns verloren. Je höher der Ausmahlungsgrad ist, d. h. je mehr Bestandteile des Korns verarbeitet werden (Vollkornmehl 100 %), desto höher ist der ____________________-, Mineralstoff- und Vitamingehalt des Mehls. Den Ausmahlungsgrad bei Roggen- und Weizenmehl kann man an der Mehltypennummer auf der ________________ erkennen. Ein hoher ____________________________ und dadurch bedingt ein hoher Ballaststoff-, Vitamin- und Mineralstoffgehalt lassen sich an einer hohen ____________________________ auf der Mehl-Packung erkennen.

c) *Vergleiche drei verschiedene Mehle miteinander. Welches Mehl hat den höchsten Ballaststoffgehalt, welches den niedrigsten?*

d) *Nun lässt sich auch Lisas Frage ganz einfach beantworten.*

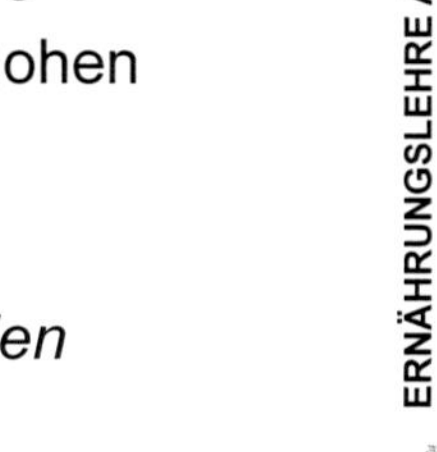

ERNÄHRUNGSLEHRE AN STATIONEN
Mit Spaß und Akion zur gesunden Ernährung – Bestell-Nr. 11 326

VII. Die Lösungsvorschläge

Kapitel I

Station 1

1.)

Lebensmittel je 100 g	Nährstoffe	Nährstoff, der den größten Anteil hat
Kartoffel (gekocht)		**Wasser**
Butter		**Fett**
Rosinen		**Kohlenhydrate**
Lachs		**Wasser**
Banane		**Wasser**
Schweinehackfleisch		**Wasser**
Ei		**Wasser**
Brathähnchen		**Wasser**
Camembert		**Wasser**

Station 2

1.) **a)** In der Reihenfolge: Schulunterricht, Ausruhen und Fernsehen schauen, Hausaufgaben, Fußball-Training

b) In der Reihenfolge: Frühstück (Butterbrot mit Wurst, ein Glas Saft), Frühstückspause (Vollkornbrot mit Käse, ein Apfel), Mittagessen (Hähnchen mit Reis und Salat), etwas Obst, Abendessen (belegte Brote und gemischter Salat).

2.) **Fünf** kleine **Mahlzeiten** sind besser bekömmlich als **drei** große Mahlzeiten. Unser **Körper** wird dadurch nicht so stark **belastet** und wir bleiben leistungsfähiger.

Station 3

1.) Richtige Reihenfolge: Energie, Gesamtenergiebedarf, Grundumsatz, Energiemenge, Ruhe, Herz, Blut, atmen, Körpertemperatur, Energie

2.)

Körpergewicht		Grundumsatz in kJ/Tag
Herr B.	75 kg	**4,2 kJ • 75 kg • 24 = 7560 kJ/Tag**
Frau S.	60 kg	**4,2 kJ • 60 kg • 24 = 6048 kJ/Tag**
Herr C.	63 kg	**4,2 kJ • 63 kg • 24 = 6350,4 kJ/Tag**

3.)
1. Der Grundumsatz nimmt mit steigendem Alter ab.
2. Frauen haben einen niedrigeren Grundumsatz als Männer.
3. Der Grundumsatz sinkt bei Frauen mit zunehmenden Alter weniger stark als bei Männern.

Station 4

1.) Richtige Reihenfolge: Energie, Gesamtenergiebedarf, Leistungsumsatz, Energiemenge, zusätzliche, Muskeltätigkeit

ERNÄHRUNGSLEHRE AN STATIONEN
Mit Spaß und Akion zur gesunden Ernährung – Bestell-Nr. 11 326

VII. Die Lösungsvorschläge

Kapitel I

Station 4

2.)

Person	Grundumsatz	Leistungsumsatz	Gesamt-energiebedarf
Herr S., 25 Jahre, 65 kg, arbeitet als Dachdecker 8 Stunden am Tag, in seiner Freizeit unternimmt er nicht mehr viel.	7520 kJ/Tag	**630 kJ • 8 h = 5040 + 840 kJ = 5880 kJ**	**13400 kJ/Tag**
Frau P., 45 Jahre, 60 kg, arbeitet als Verkäuferin 6 Stunden am Tag, in ihrer Freizeit geht sie eine Stunde schwimmen	5540 kJ/Tag	**250 kJ • 6 h = 1500 kJ + 840 kJ + (0,68 x 60 x 60) = 4788 kJ**	**10328 kJ/Tag**

Station 5

1.) **b)** Der Wassergehalt des Körpers nimmt von 70 % auf 60 % ab.
Der Eiweißgehalt des Körpers nimmt zu.
Der Fettgehalt des Körpers nimmt bis zum ersten Lebensjahr zu, nimmt dann aber wieder ab.
Der Mineralstoffgehalt des Körpers steigt mit zunehmendem Wachstum an.

Station 6

1.)

Baustoffe	Energie liefernde Stoffe	Wirkstoffe
Wasser	Kohlenhydrate	Mineralstoffe
Eiweiß	Fett	Spurenelemente
Fett		Vitamine
Mineralstoffe		

Einige Stoffe, z. B. Fett oder Mineralstoffe erfüllen mehrere dieser Aufgaben

2.) Unser **Körper** braucht alle diese **Stoffe**. Wir müssen sie **täglich** mit unserer **Nahrung** zuführen. Dabei müssen wir aber beachten, dass es **kein** Lebensmittel gibt, das **alle** der genannten Stoffe enthält. Auch ist es so, dass ein **Lebensmittel** nicht nur einen einzigen dieser Stoffe enthält, sondern gleich **mehrere**.

Station 7

1.)

Person	Alter	Größe	Gewicht	BMI	Bewertung des Körpergewichts
Herr G.	30 Jahre	1,80 m	75 kg	**23,15 kg/m²**	**Normalgewicht**
Frau Z.	56 Jahre	1,56 m	83 kg	**34,10 kg/m²**	**Adipositas**
Frau K.	23 Jahre	1,64 m	60 kg	**22,31 kg/m²**	**Normalgewicht**

2.) Ein hohes Körpergewicht kann nicht nur durch Fett, sondern auch durch Muskelmasse zustande kommen. So lässt sich der hohe BMI von Herrn S. erklären.

3.) Knochenmasse, Wassereinlagerungen, Muskelmasse

Station 8

1.)

Nährstoffbedarf in g pro kg Körpergewicht vom ...	Kleinkind	Schulkind	Jugendlicher bis 15 Jahre	Erwachsener	Älterer Mensch
Eiweiß	1,2 g	1,6 g	1,0 g	0,8 g	0,8 g
Fett	2,5 g	2,1 g	1,7 g	1,0 g	0,9 g
Kohlenhydrate	12 g	9 g	7 g	6 g	5 g
Aktivitäten	**krabbeln/ laufen**	**toben herum**	**vielseitige Aktivitäten**	**durch den Beruf beansprucht**	**bewegen sich weniger**
Wachstum	**wachsen noch stark**	**wachsen noch**	**noch nicht ausgewachsen**	**ausge-wachsen**	**ausge-wachsen**

2.) **a)** Schulkinder haben einen höheren Nährstoffbedarf als Erwachsene, weil sie sich mehr bewegen und noch wachsen.

VII. Die Lösungsvorschläge

Kapitel I

Station 8

2.) **b)** Ältere Menschen haben einen geringeren Nährstoffbedarf als Jugendliche, weil sie nicht mehr wachsen und sich weniger als Jugendliche bewegen.

3.) 53 kg x 1,0 g = 53 g/kg KG
Fett: 53 kg x 1,7 g = 90 g/kg KG
Kohlenhydrate: 53 kg x 7 g = 371 g/kg KG

Station 9

1.) Richtige Reihenfolge: Energie, Physiker, Joule, Einheit, Wärmemenge, Kilokalorie, Energiebedarf, Energie

2.) 1 Kalorie (cal) = **4,2** Joule (J)
1 Kilokalorie (kcal) = **4,2** Kilojoule (kJ)
1 g Kohlenhydrate liefert 17 kJ = **4** kcal
1 g Eiweiß liefert **17** kJ = 4 kcal
1 g Fett liefert **39** kJ = 9 kcal

3.) Richtige Aussagen: Fett liefert uns die meiste Energie.
Menschen brauchen Energie, um sich bewegen zu können.
Joule ist die internationale Einheit für Energie.
1 Kilokalorie (kcal) entsprechen 4,2 Kilojoule.

Station 10

1.) **a)** Delikatess Mayonnaise und Nuss-Nougat-Creme.
b) Delikatess Mayonnaise
c) Zwieback, Nuss-Nougat-Creme, Waldfrucht Konfitüre Extra

Kapitel II

Station 1

1.) **a)** Richtige Verbindungen: 1 b, 2 c, 3 d, 4 e, 5 f, 6 a
b) Vitamine sind Wirkstoffe und wirken auf verschiedene Vorgänge in unserem Körper. Zusammen mit den Mineralstoffen sorgen die Vitamine für den reibungslosen Ablauf unserer Stoffwechselfunktionen: Nervenfunktion – Muskelfunktion – Verdauung – Knochenbau – Hauterneuerung – Wachstum und Blutbildung. Wir bemerken die Wirkung fehlender Vitamine erst, wenn ein Mangel an diesen Vitaminen besteht. Unser Körper kann Vitamine nicht selbst herstellen. Wir müssen sie deshalb mit unserer Nahrung aufnehmen.
Die in Fett oder Öl löslichen Vitamine werden fettlösliche Vitamine genannt. Wasserlösliche Vitamine werden die Vitamine genannt, die sich in Wasser lösen.

Station 3

1.) **a)** Im Wasser ist kein Pulver mehr zu sehen. Im Sonnenblumenöl ist es deutlich zu sehen.
b) Vitamin C ist ein wasserlösliches Vitamin.

2.) **a)** Der Inhalt der Kapsel ist im Sonnenblumenöl nicht mehr zu sehen. Im Wasser ist der Inhalt der Kapsel deutlich zu sehen.
b) Vitamin E ist ein fettlösliches Vitamin.

Station 4

1.) Fehlende Wörter der Reihe nach: Ascorbinsäure, Obst, Sauerkraut, Äpfel, Tomaten, Pflanzen, Menschen, Krankheit, Arbeit, Vitamin C, Skorbut

B	T	E	E	Ö	Ä	P	H	I	L	T	T	A	B	A	Y	A	K	Z	A	H	K
S	S	O	D	P	A	S	C	O	R	B	I	N	S	Ä	U	R	E	B	A	U	I
A	Ü	Z	S	U	S	A	M	K	A	R	P	V	A	V	O	G	E	M	Z	A	S
G	K	R	A	N	K	H	E	I	T	E	R	E	U	R	M	O	N	D	P	W	W
I	G	E	Ö	Q	U	A	S	S	D	A	V	O	E	T	E	I	P	Ü	S	V	V
I	W	O	W	E	I	L	P	U	M	M	E	R	R	T	N	F	I	S	C	E	N
H	S	S	B	P	U	N	T	E	L	E	Q	W	K	Z	S	C	R	Ä	T	S	I
U	W	A	L	S	R	O	S	I	J	J	K	L	R	Ü	C	K	L	Ö	Ä	O	O
N	Q	Q	Z	A	T	O	M	A	T	E	N	Ü	A	Y	H	Ä	O	K	L	A	U
O	A	R	B	E	I	T	G	G	L	O	H	K	U	N	E	Z	L	R	Ü	T	W
H	K	A	B	L	B	A	S	K	E	V	O	H	T	B	N	O	T	T	B	C	W
A	Z	I	E	G	O	P	F	L	A	N	Z	E	N	B	K	L	A	U	O	U	P
Ä	P	F	E	L	H	Ü	T	Z	A	K	O	H	R	A	B	Z	E	E	R	I	T
O	X	X	C	H	W	E	S	C	H	N	E	R	T	Ü	E	E	E	R	D	F	F
S	X	P	A	R	H	U	N	K	A	S	T	I	G	O	Ü	A	I	U	G	Ü	L
T	A	B	S	I	V	I	T	A	M	I	N	C	O	N	K	P	A	M	M	Ö	G

ERNÄHRUNGSLEHRE AN STATIONEN
Mit Spaß und Akion zur gesunden Ernährung – Bestell-Nr. 11 326

VII. Die Lösungsvorschläge

Kapitel II

Station 5

1.) **a)** Sie kauft Blumenkohl und Weintrauben aus dem Ausland, obwohl es ein reichhaltiges Angebot an Obst und Gemüse aus Deutschland zu günstigen Preisen gibt.
b) Frau K. könnte Obst und Gemüse aus Deutschland bzw. ihrer Region kaufen. Obst und Gemüse aus der Region muss nicht weit transportiert werden und kann deshalb reif geerntet werden. Reifes Obst und Gemüse ist besonders reich an Vitaminen. Die Vitaminverluste während des kurzen Transports sind nur gering.

2.) **a)** David zerkleinert die Salatblätter und wäscht sie zu lange.
b) David sollte die Salatblätter möglichst unzerkleinert und nur kurz, aber gründlich waschen.

3.) **a)** Joana schält und zerkleinert den Apfel und lässt ihn ohne Abdeckung an der Luft liegen. Vitamine können durch Luft zerstört werden.
b) Joana sollte den Apfel abdecken und so vor Luft schützen. Am besten wäre es, wenn sie den Apfel unzerkleinert waschen und mit Schale essen würde. So würde sie beim Putzen nur das Nötigste entfernen und die Vitamine vor der Zerstörung durch die Luft schützen.

Station 6

1.) Calcium: Ca; Phosphor: P; Kalium: K; Schwefel: S; Chlor: Cl; Natrium: Na; Magnesium: Mg

2.) Abb. Kartoffeln (K), Abb. Milch (Ca), Abb. Walnuss (P), Abb. Käse (Na), Abb. Haferflocken (Mg), Abb. Fleisch (S), Abb. Kochsalz (Cl)

3.) 1. Calcium, 2. Mengenelemente, 3. Spurenelemente, 4. Kalium, 5. Nahrung

Station 7

1.) Fe: Eisen; Cu: Kupfer; Zn: Zink; F: Fluor; I: Iod; Mn: Mangan; Se: Selen; Cr: Chrom; Mo: Molybdän

2.) Abb. Nüsse (Fe); Abb. Schokolade (Cu); Abb. Haferflocken (Zn); Abb. Schwarzer Tee (F); Abb. Fisch (Iod): Abb. Weizenvollkornbrot (Mn); Abb. Eier (Se); Abb. Käse (Cr); Abb. Hülsenfrüchte: Linsen/Bohnen/Erbsen (Mo)

Station 8

1.) Richtige Reihenfolge: Mineralstoff, Körper, Eisen, Sauerstoff, Blutfarbstoff, Mangelerscheinung, Eisenmangel, leistungsfähig, müde, gestört, anfälliger, Unterernährung, Nahrung, Verletzungen, Eisen, Ursachen

2.)
1. Eisen ist für uns Menschen ein wichtiger Mineralstoff.
2. Hämoglobin ist der rote Blutfarbstoff.
3. Leidet jemand unter Eisenmangel, so ist er körperlich nicht besonders leistungsfähig.
4. Das Immunsystem braucht Eisen, um funktionieren zu können.

Station 9

1.)

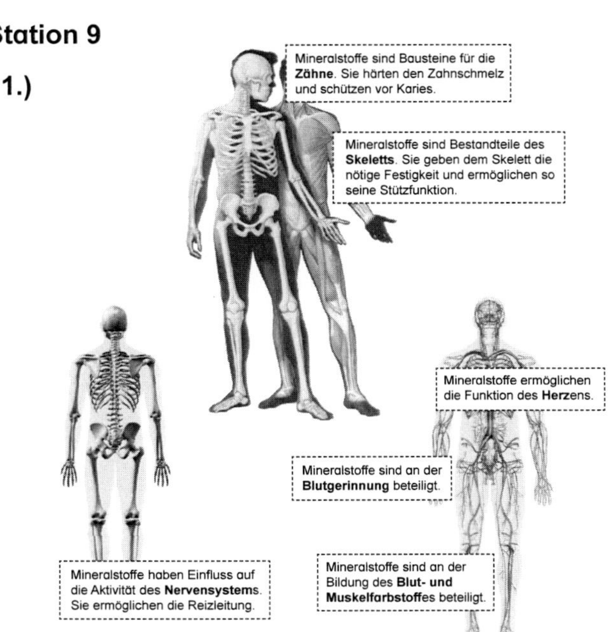

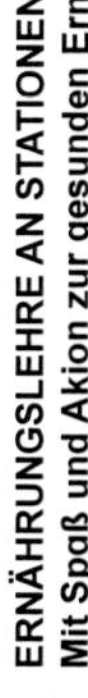

VII. Die Lösungsvorschläge

Kapitel III

Station 1

2.)

	Einfachzucker	Zweifachzucker	Vielfachzucker
Beispiele für die verschiedenen Kohlenhydrate	**Traubenzucker, Fruchtzucker**	**Malzzucker, Milchzucker, Haushaltszucker**	**Stärke**
Lebensmittel, in denen diese Kohlenhydrate vorkommen	**Obst, Milch, Weintrauben, Brot**	**Malztrunk**	**Kartoffeln**
Geschmack	**sehr süß**	**süß**	**geschmacksneutral**
Löslichkeit in Wasser	**wasserlöslich**	**wasserlöslich**	**schwer wasserlöslich**

Station 2

1.) b)

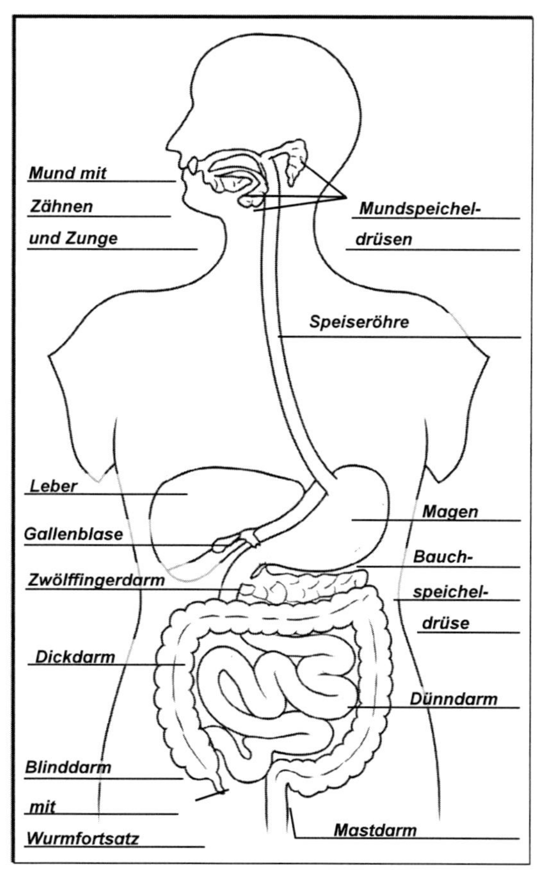

c) (1) Mund, (2) Mundspeicheldrüsen, (3) Speiseröhre, (4) Zwölffingerdarm, (5) Bauchspeicheldrüse, (6) Dünndarm

Station 3

1.)

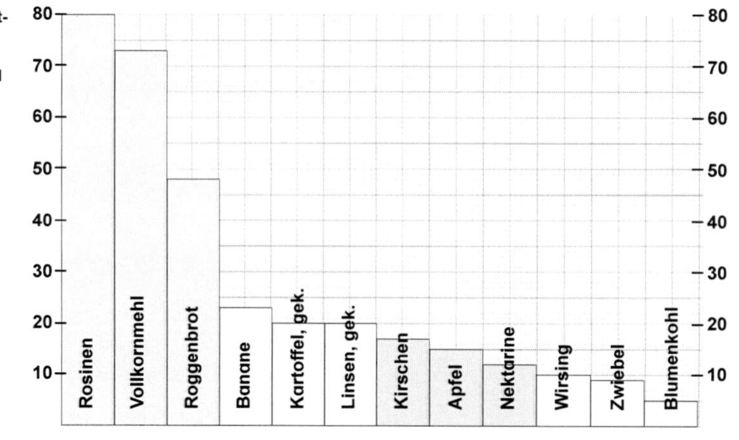

2.) Gleicher Kohlenhydratgehalt: Kartoffeln und Linsen;
höchster und niedrigster Kohlenhydratgehalt: Rosinen, Blumenkohl;
Obstsorte mit hohem Kohlenhydratgehalt: Banane

ERNÄHRUNGSLEHRE AN STATIONEN
Mit Spaß und Akion zur gesunden Ernährung – Bestell-Nr. 11 326

VII. Die Lösungsvorschläge

Kapitel III

Station 4

1.) **Versuch:** Das an einer Stelle verdunkelte Blatt färbt sich nur an den belichteten Stellen tiefblau. Das nicht verdunkelte Blatt färbt sich an allen Stellen tiefblau.

Aufgabe: **a)** Grüne Pflanzen besitzen die Fähigkeit, aus Kohlenstoffdioxid (CO_2) und Wasser (H_2O) Kohlenhydrate aufzubauen und dabei Sauerstoff (O_2) abzugeben.
b) Der in Aufgabe a) beschriebene Vorgang wird Fotosynthese genannt. Er wird so bezeichnet, weil die Pflanze für diesen Vorgang Licht benötigt.
c) Nein, grüne Pflanzen können ohne Licht keine Kohlenhydrate bilden. Im Versuch konnte man beobachten, dass sich nur die belichteten Stellen der Blätter tiefblau färbten, also sich auch nur an den belichteten Stellen Kohlenhydrate gebildet haben.

Station 5

1.) **Versuch:** Iodlösung bildet zusammen mit Stärke eine tiefblaue Färbung. Bei allen anderen Stoffen tritt keine Farb-Reaktion ein. Mit Iodlösung lässt sich Stärke nachweisen.

Station 6

1.) Aufgeklebt werden müssen: Milch, Brot, Kartoffeln, Kuchen, Bananen, Malztrunk, Vanilleeiscreme, Weintrauben, Süßigkeiten. Weitere mögliche Lösungen: Nudeln, Reis, Limonade, weitere Obstsorten

Kapitel IV

Station 1

1.) **Versuch:**

Fett	Butter	Margarine	Olivenöl	Sonnenblumenöl
Aussehen/Farbe	**weiß-gelb**	**gelb**	**grün-gelb**	**gelb**
Eigenschaft fest/flüssig	**fest**	**fest**	**flüssig**	**flüssig**
Löslichkeit in Wasser	**Nein**	**Nein**	**Nein**	**Nein**
Nach 5–10 min: Wo lagert sich das Fett/Öl ab?	**auf der Wasseroberfläche**			

Station 2

1.)

Tierische Fette			Pflanzliche Fette		
flüssig	weich	hart	flüssig	weich	hart
	Butter	Schweineschmalz	Erdnussöl	Sonnenblumen-Margarine (je nach Sorte)	Koch- und Backfett
			Rapsöl		Sonnenblumen-Margarine (je nach Sorte)
			Olivenöl		
			Sonnenblumenöl		
			Maiskeimöl		

2.) Richtige Aussagen:
3. Butter ist ein tierisches Fett.
4. Bei den Fetten wird zwischen tierischen und pflanzlichen Fetten unterschieden.
6. Fette können bei Zimmertemperatur weich, flüssig oder hart sein.
7. Sonnenblumenöl gehört zu den pflanzlichen Fetten.

Station 3

1.) Richtige Reihenfolge: Energie, bewegen, wachsen, denken, fettlösliche, Blutkreislauf, Vitamine, Nieren, Augen, Fettpolster, Stößen, Fettschicht, kalt, Wärmeverlusten, fetthaltigen, Geschmacks- und Aromastoffen, speichert, Übergewicht

2.) Richtige Aussagen:
1. Zu einer ausgewogenen Ernährung gehört auch Fett.
3. Fettpolster schützen empfindliche Organe wie Augen und Nieren vor Stößen und Erschütterungen.
4. Fett ist Träger von Geschmacks- und Aromastoffen.
6. Fette liefern Energie, die wir brauchen, um uns bewegen, wachsen und denken zu können.
7. Das Unterhautfettgewebe schützt uns vor zu hohen Wärmeverlusten.

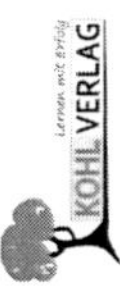

VII. Die Lösungsvorschläge

Kapitel IV

Station 4

1.) **b)** siehe Abb. Seite 72
c) (1) Zwölffingerdarm, (2) Leber, (3) Galle, (4) Bauchspeicheldrüse, (5) Dünndarm

Station 5

1.) **a)** Aufstrichfett + Koch- und Bratfett **25 g**
+ „versteckte“ Fette **25 g**
= 50 g

b) Aufstrichfett + Koch- und Bratfett **23 g**
+ „versteckte“ Fette **23 g**
= 46 g

2.) Fleischwurst; Torte

Station 6

1.) Richtig: 1. Viele Bundesbürger verzehren pro Tag mehr Fett, als die Deutsche Gesellschaft für Ernährung empfiehlt.

2.) Mehr Fett als der Körper braucht – Fett wird im Körper gespeichert; Übergewicht – Fettpolster; überhöhte Fett-Zufuhr – erhöhte Blutfettwerte; vollständige Sätze s. Infotext

Station 7

1.)

Fettgehalt in g/100 g Lebensmittel

60 – 50 – 40 – 30 – 20 – 10

Salat-Mayonnaise
Erdnüsse
Kartoffel-Chips
Nuss-Nougat-Creme
Vollmilch-Schokolade
Rinder-Filet
Schweine-Hackfleisch
Makrelen-Filet
Schweine-Kotelett
Kernige Haferflocken
Forellen-Filet
Kirschen

Station 8

1.) **Versuch:** Jede Probe hinterlässt einen Flecken.
Aufgabe: „sichtbare“ Fette: Margarine, Sonnenblumenöl;
„versteckte“ Fette: Käse, Wurst, Schokolade, Torte, Hering, Nüsse

Kapitel V

Station 1

2.) 1. Daraus bestehen Proteine: **Aminosäuren**
2. Enthalten einige Aminosäuren: **Schwefel**
3. Braucht jede tierische und pflanzliche Zelle: **Eiweiß**
4. Elemente, aus denen Aminosäuren aufgebaut sind: **Kohlenstoff, Wasserstoff, Sauerstoff, Stickstoff**
5. Aminosäuren, die unser Körper nicht selber bilden kann: **Essentielle Aminosäuren**

Station 2

1.) Reihenfolge: **Pfanzen:** Getreide, Hülsenfrüchte, Nüsse; **Tiere:** Kuh, Schwein, Huhn, Hirsch, Fisch, Hammel (Schaf); **pflanzliche Produkte:** Brot, Brötchen, Kuchen; **tierische Produkte:** Milch, Ei, Käse, Wurst, Quark

2.) Für die Herstellung von **Kuchen** werden häufig tierische Produkte wie Eier, Milch oder auch Quark benötigt.

Kapitel V

Station 3

1.) a)

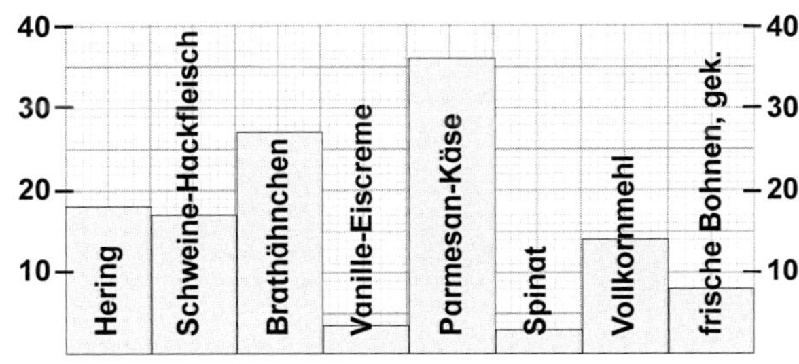

b) 1. Parmesan-Käse, 2. Brathähnchen, 3. Hering, 4. Schweinehackfleisch, 5. Vollkornmehl, 6. frische Bohnen (gekocht), 7. Vanilleeiscreme, 8. Spinat

Station 4

1.) a)

Lebensmittel	Eiweißgehalt je 100 g	verwertbar bis	Anteil verwertbares Eiweiß
Rindfleisch	18 g	80 %	**14,4 g**
Kuhmilch	3,5 g	72 %	**2,52 g**
Kartoffeln	2 g	76 %	**1,52 g**
Reis (gekocht)	2,6 g	66 %	**1,72 g**
Weizenmehl (82 % Ausmahlung)	11 g	47 %	**5,17 g**
Käse (Edamer)	25 g	68 %	**17 g**
Hühnerei	13 g	100 %	**13 g**

b) **Eiweißgehalt je 100 g Lebensmittel / Anteil verwertbares Eiweiß**

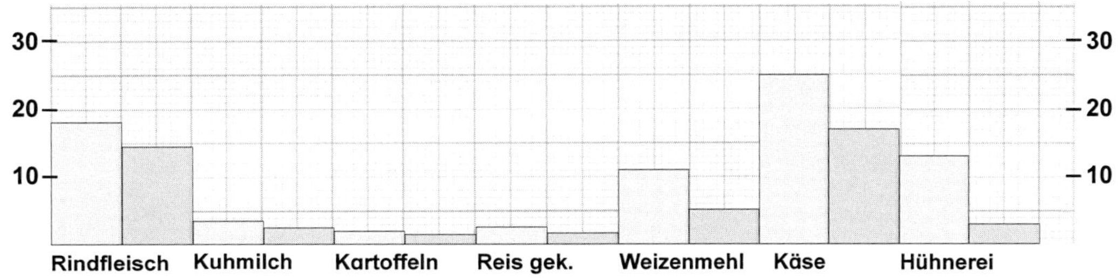

Station 5

1.) a) 1 d, 2 f, 3 g, 4 e, 5 a, 6 c, 7 b

b) Wir brauchen Eiweiß hauptsächlich zum Aufbau von körpereigenem Eiweiß. Aber auch wenn das Körperwachstum abgeschlossen ist, brauchen wir Eiweiß. Hornhaut, Nägel, Haare usw. „verschleißen" regelmäßig und müssen neu aufgebaut werden. Im Laufe eines Jahres wird unser Körper zu mehr als 90 % erneuert.
Das größte Welternährungsproblem besteht darin, alle Menschen ausreichend mit hochwertigem Eiweiß zu versorgen. Das ist vor allem ein Problem in den Entwichlungsländern.
Leiden Menschen unter Eiweißmangel, so sind sie wenig widerstandsfähig gegen Infektionskrankheiten, und ihre körperliche und geistige Leistungsfähigkeit ist herabgesetzt.

Station 6

1.) **Fisch mit Kartoffeln:** tierisches und pflanzliches Eiweiß; dieses Gericht hat eine hohe biologische Wertigkeit, weil sich tierisches und pflanzliches Eiweiß ergänzen.
Salatteller mit Brötchen, ohne Fleisch: pflanzliches Eiweiß; dieses Gericht hat keine sehr hohe biologische Wertigkeit. Es enthält nur pflanzliches Eiweiß.
Gemüseeintopf mit Wurst- und Fleischeinlage: tierisches und pflanzliches Eiweiß; dieses Gericht hat eine hohe biologische Wertigkeit, weil sich tierisches und pflanzliches Eiweiß ergänzen.
Spiegelei mit Kartoffelbrei: tierisches und pflanzliches Eiweiß; dieses Gericht hat eine hohe biologische Wertigkeit, weil sich tierisches und pflanzliches Eiweiß ergänzen.

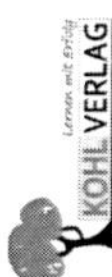

Kapitel V

Station 7

1.) Nein, es reicht nicht aus, jeden Tag nur Brot zu essen. Wir würden bei dieser Form der Ernährung nicht gesund und leistungsfähig bleiben. Getreide, und damit das Brot enthält zwar eine limitierende Aminosäure, jedoch nicht alle essentielle Aminosäuren, die unser Körper regelmäßig benötigt.
Erweiterte Lösung: Wir müssen auch andere Lebensmittel (Obst, Gemüse, Hülsenfrüchte, Fleisch usw.) verzehren, die andere essentielle Aminosäuren, aber auch Kohlenhydrate, Fett, Vitamine und Mineralstoffe enthalten.

2.) Richtige Aussagen sind:
1. Es gibt acht Aminosäuren, die für den Menschen essentiell sind.
3. Methionin kommt in Hülsenfrüchten vor und ist eine Aminosäure.
4. Essentiell bedeutet, dass der menschliche Körper diese Aminosäuren nicht selber bilden kann. Diese Aminosäuren müssen mit der Nahrung aufgenommen werden.

Station 8

1.) **a)** siehe Abb. Seite 72
b) siehe Infotext
c) (1) Magen, (2) Zwölffingerdarm, (3) Bauchspeicheldrüse, (4) Dünndarm

Station 9

1.) **a)** Pfanzen: A; Mensch: B, Pflanzenfresser: C

2.) **a)** Wir Menschen nehmen mit unserer Nahrung tierisches und pflanzliches Eiweiß auf.
b) Die Pflanze braucht Eiweiß für ihr Wachstum.
c) Pflanzenfresser nehmen pflanzliches Eiweiß auf und bauen es zu körpereigenem Eiweiß um.
d) Wir müssen Eiweiß(stoffe) mit der Nahrung aufnehmen, weil unser Körper nicht alle Bausteine (Aminosäuren) für diese(s) Eiweiß(stoffe) bilden kann. Außerdem kann unser Körper Eiweiß(stoffe) nicht speichern.

Station 10

1.)

Person	**Herr G., 85 kg**	**Lena, 6 Jahre, 21 kg**	**Marvin, 8 Monate, 7 kg**
Empfehlung für die tägliche Eiweißzufuhr je Kilogramm Körpergewicht	**0,8 g/kg/KG**	**0,9 g/kg/KG**	**1,1 g/kg/KG**
Berechnete, empfohlene tägliche Eiweißaufnahme	**68 g**	**18,9 g**	**7,7 g**

2.) Mögl. Begründung: Säuglinge und Kinder müssen noch wachsen und viele Zellen neu ausbilden. Dazu brauchen sie Eiweiß. Erwachsene wachsen nicht mehr. Sie brauchen dementsprechend weniger Eiweiß als Kinder und Säuglinge.

Kapitel VI

Station 1

1.) Richtige Reihenfolge: 11 Tage, Wasser, Menge, Körpertemperatur, Verdunsten, Haut, Blutes, Speisebreies, Nährstoffe, wasserlöslich, Zucker, Vitamine, Nahrung, ausgeschieden, Atmen, Schwitzen

2.) Richtige Aussagen sind:
2. Wir brauchen Wasser für die Regulation der Körpertemperatur.
4. Es gibt wasserlösliche Vitamine.
5. Kein Mensch kann länger als 11 Tage völlig ohne Wasser leben.
6. Für die Fortbewegung und Quellung des Speisebreies im Darm ist Wasser notwendig.

Station 2

1.)
1. Milch (87 %) **F**
2. Möhren (86 %) **L**
3. Kartoffeln (80 %) **E**
4. Ei (70 %) **I**
5. Rindfleisch (47 %) **S**
6. Brot (36 %) **C**
7. Butter (20 %) **H**

VII. Die Lösungsvorschläge

Station 3

1.) **a)** 70 • 25 ml = 1750 ml = 1,75 l
70 • 30 ml = 2100 ml = 2,1 l

b) Beispiel: 46 kg • 25 ml = 1150 ml = 1,15 l
46 kg • 30 ml = 1380 ml = 1,38 l

2.) Es ist richtig, dass David nach dem Sport ausreichend trinkt. Limonade ist dafür aber kein geeigneter Durstlöscher, da Limonade viel Zucker enthält. Besser wären Mineralwasser, mit Wasser verdünnte Obst- und Gemüsesäfte oder Früchte- und Kräutertees.

3.) Richtige Aussagen sind:
2. Wenn du Sport treibst, brauchst du auch mehr Flüssigkeit.
3. Kinder und Säuglinge brauchen mehr Flüssigkeit als Erwachsene.
4. Mit Wasser verdünnte Obst- und Gemüsesäfte sind geeignete Durstlöscher.

Station 4

1.)

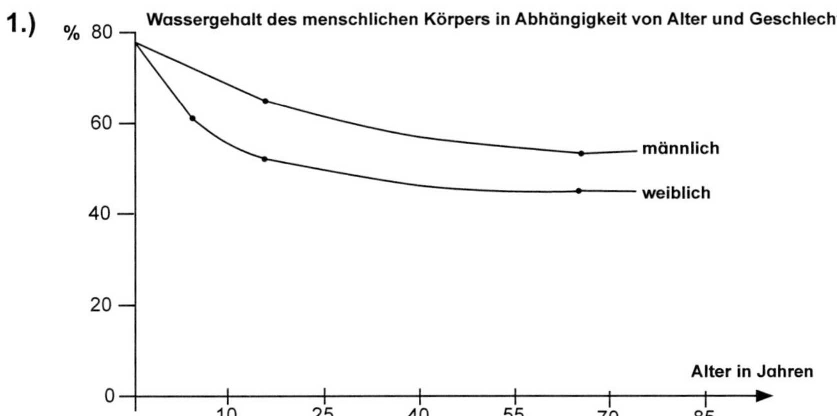

Kapitel VI

Station 5

1.)

ca. 2,5 l/Tag

ca. 2,5 l/Tag

Wasseraufnahme = **Wasserabgabe**

➲ mit der Nahrung
➲ mit Getränken

➲ mit dem Stuhl
➲ mit der Atmung und der Haut
➲ als Urin

Wasser-mangel — erhöht → Durst

Wasser-überschuss — erhöht → Ausscheidung von Urin

Station 6

1.) Mögliche Antworten: schwere Gegenstände, Stoffe, Sachen, Wasser, Sand, Ballaststoffe in unserer Nahrung.

2.) Richtige Reihenfolge: Zellwände, Cellulose, pflanzliche, Cellulose, Nahrungsbestandteil, Ballast, Ballaststoffe, Wasser, Nahrung

3.) Ballaststoffe enthalten Äpfel, Salat, Möhren, Gurken, Tomaten, Vollkornmehl und Radieschen.

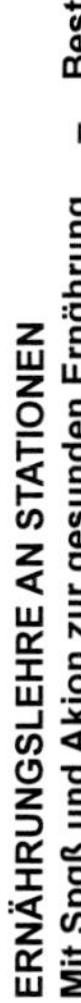

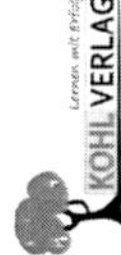

VII. Die Lösungsvorschläge

Station 7

1.) a) **Ballaststoffgehalt**
in g / 100 g essbarer Anteil

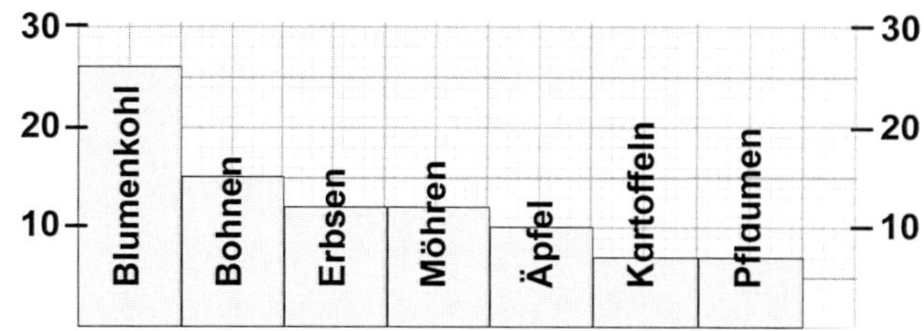

b) Blumenkohl > Bohnen > Möhren, Erbsen > Äpfel > Kartoffeln, Pflaumen

Station 8

1.) Vorschlag 1: 100 g Linsen (gekocht), 300 g Kartoffeln (gekocht), 200 g Vollkornbrot, 100 g Kohlrabi
Vorschlag 2: 200 g Vollkornspaghetti, 100 g Erbsen, 100 g Bohnen, 200 g Roggenbrot

Station 9

1.) Richtige Aussagen sind:
In den Industrieländern ernähren sich die Menschen nicht mehr wie vor 100 Jahren.
Ballaststoffe binden Wasser, der Speisebrei quillt auf und regt den Darm so zu mehr Bewegung an.
Ballaststoffe sorgen so für eine regelmäßige Darmentleerung.
Ballaststoffe können so der weitverbreiteten Verstopfung vorbeugen.
Der Verzehr wichtiger ballaststoffreicher Lebensmittel ging zurück.
Gleichzeitig verzehrte man mehr ballaststofffreie Lebensmittel wie Eier, Fleisch, Alkohol und Zuckerhaltiges.
Auch andere Darmerkrankungen treten bei regelmäßiger Zufuhr von Ballaststoffen seltener auf.
Ballaststoffreiche Lebensmittel sind Vollkornbrot, rohes Obst und Gemüse, Nüsse, Trockenobst und Hülsenfrüchte.

Kapitel VI

Station 10

1.) b) Richtige Reihenfolge:
Vollkornmehl, Weißmehl, Aleuronschicht, Bestandteile, Ballaststoff, Packung, Ausmahlungsgrad, Mehltypennummer

Bildnachweise:
S. 2-78: © Africa Studio; Sozialformen: © ronarid; S. 6: © M.studio; S. 8: © Mercedes Fittipaldi; S. 13: © Gina Sanders; S. 16: © peterschreiber.media; S. 17: © Damir Khabirov; S. 18: © Ibang; S. 19: © pepscostudio, Igor Link, luismolinero, Drobot Dean, Alexander Raths; S. 20: © dragonstock; S. 21: © rdnzl, Africa Studio; S. 22: © tanarch; S. 24: © margo555; S. 25: © Olena Poberezhna; S. 26: © volff, Ariwasabi; S. 27: © Valua Vitaly, vvoe, Selecstock, valery121283; S. 28/29: © sommai, rdnzl, Alekss, ALF photo, kolesnikovserg, photocrew, valery121283; S. 29: © xamtiw, andriigorulko, conzorb, nata777_7, BillionPhotos.com, womue; S. 30: © nobeastsofierce; S. 31/32/71: © HANK GREBE; S. 33: © Chaudhary, Xavier, Alliance; S. 36: © tanarch; S. 38: © amavcoffee, sommai; S. 39: © dule964, Aoife, Soho A studio, margo555, grey, photocrew, helen_tereshina, Gresei, malshak_off, Tim UR, sommai, amavcoffee, valery121283, mimadeo, Mara Zemgaliete, womue, Xavier; S. 42: © kunertus, IB Photography; S. 44: © kunertus, Da-ga, photocrew; S. 47: © kolesnikovserg, euthymia, kunertus, Paitoon, xamtiw, dule964, Alekss, Moving Moment; S. 49: © maxbelchenko, Alekss, nata777_7, BillionPhotos.com, creativenature.nl, Hanoi_s, cynoclub, Eric Isselée, dule964, Natural PNG, amavcoffee, PhotoSG, Moving Moment, Tim UR, mimadeo, kolesnikovserg, NilsZ, eivaisla; S. 50: © valery121283, mimadeo, kolesnikovserg, dule964, euthymia; S. 52: © andriigorulko; S. 56: © Davids / C peopleimages.com, creativenature.nl, valery121283, mimadeo, Tim UR; S. 57: © pepscostudio, Valua Vitaly, Damir Khabirov; S. 58: © Oleksandr Delyk; S. 59: © valery121283, amavcoffee, PhotoSG, sommai, Tim UR, mimadeo; S. 60: © conzorb, Gresei, BillionPhotos.com; S. 62/77: © yadali; S. 63: © Amakar, valery121283, photocrew, vvoe, gitusik, Pixel-Shot, mimadeo, margo555, helen_tereshina, xamtiw, NilsZ, euthymia, Yuriy Afonkin; S. 64: © margo555, nata 777_7, valery121283, BillionPhotos.com; S. 66: © Drobot Dean, gitusik, vvoe, BillionPhotos.com, Xavier, valery121283, sommai, Xavier; S. 67: © TarikVision;